EL PSICÓLOGO DE NAZARET

ANTONIO GARGALLO GIL

DIDACBOOK
Editorial

Primera edición octubre 2013

antoniogargallo.blogspot.com
agargallogil@gmail.com

C/Sagasta, 6
23400 Úbeda (Jaén)
www.didacbook.com
www.elpsicologodenazaret.com
editorial@didacbook.com

Dirección editorial: Miguel Ángel Barbero Barrios

Fotografía de portada H.Koppdelaney

ISBN: 978-84-15969-08-2

Depósito legal: J 656-2013

Impreso en Estugraf

Impreso en España - Printed in Spain

1

La brisa marina masajeaba con fuerza el rostro de Cristina, dejando que sus cabellos rubios bailasen arrítmicamente alrededor de unos ojos verdes en los que la tristeza se había aposentado, dejando que sus raíces se incrustasen con fuerza hasta lo más profundo de su ser. Solo el abrazo que sus finas piernas recibían de unos brazos decaídos, servía de consuelo a un cuerpo completamente apagado y abatido, escrupulosamente delgado por los ayunos involuntarios con que constantemente era castigado. Pero, cuando la falta de apetito es tal, solo la necesidad imperiosa de silenciar un estómago remolón puede actuar como alarma vivificadora.

Así era la vida de Cristina García, una magnífica periodista que con tan solo treinta años había caído en las redes de la apatía, del desánimo y la desesperación. Uno de esos momentos en los que uno, sin saber cómo ni por qué, empieza a ver que su vida carece de sentido y, para mayor desazón, el único horizonte existente es el del mar, que se aleja de forma serena, aunque segura, por los caminos mágicos que le traza el sol.

El sonido del móvil vibrando en su bolso le sirvió para darse cuenta de que se había quedado dormida sobre la arena de la playa de Benicasim durante más de dos horas, pero era el único lugar donde su mente le respetaba y filtraba parte de los miles de mensajes negativos que constantemente bombardeaban la bóveda del pensamiento.

—Dígame —dijo adormecida.

—¿Dónde estás? Llevo esperándote más de media hora... Si no querías quedar, podías haberme avisado.

Cristina se puso la mano sobre su frente, se mordió el labio y cerró los ojos en señal de fastidio. Había quedado con su mejor amiga, Marta, para ir de compras y aprovechar la tarde del sábado; sin embargo, su mente estaba tan abatida y centrada en sí misma que empezaba a olvidarse de los demás.

—¡Madre mía, si ya son las cinco y media! —exclamó al mirar el reloj—. Te pido perdón... pero se me ha ido el santo al cielo y no me acordaba que habíamos quedado. Voy para allá y como recompensa te invito a un chocolate con churros. ¿Te parece?

—¿Tampoco recuerdas que hoy es mi cumpleaños, verdad?

Cristina frunció el cejo y su mano volvió de nuevo al lugar donde brotan las ideas, pero esta vez en forma de puño, para darse repetidos golpes que disipasen su ofuscación.

—Marta, ¿cómo iba a olvidar el día en que entra la primavera? —mintió, no fuera a dañar la única amistad que conservaba—. Te he comprado un regalo que te va a encantar. Llego en quince minutos.

El cuarto de hora se duplicó, ya que Cristina tuvo que pasarse por la primera tienda que le pillaba de camino y elegir un suéter negro escotado que ni siquiera pudo envolver en papel de regalo. Afortunadamente, la bolsa en la que la dependienta le entregó el suéter era lo suficientemente bonita como para que pasase desapercibido aquel detalle. Lo único que no pasó inadvertido para Marta fue ver a Cristina con ropa deportiva, dado que su amiga era una de las personas más coquetas que conocía.

—Perdona el retraso —sonrió Cristina, entregándole directamente el regalo para no dar opción a una reprimenda que la acabase de hundir, y dándole dos besos sonoros añadió—: ¡Feliz cumpleaños!

Marta conocía a su amiga desde los quince años y, con tan solo mirarla a los ojos, sabía que algo no estaba funcionando en la vida de una de las personas más buenas que había conocido, aunque también se había percatado de que su carácter se estaba agriando con el tiempo.

Debido a su complicada agenda, ya hacía más de un mes que no la veía, tiempo donde las secuelas habían hecho mella en el físico de su amiga, que estaba mucho más delgada y sus pómulos estaban preocupadamente hundidos, dando la impresión de encontrarse ante una persona que se estuviese yendo del mundo.

—¡Gracias, es precioso! —exclamó, confirmando las sospechas de que Cristina estaba metida en una fuerte crisis. ¡El negro era el color que menos le gustaba! Aunque le bastó una segunda mirada al rostro de Cristina para corroborar que el negro era el color que trasmitía su mirada; era como un grito en la noche, silencioso pero amargo.

Entraron las dos en su cafetería predilecta, la única en el pueblo donde no se podía fumar y donde preparaban verdaderas exquisiteces con tal de despertar la adicción del paladar y así asegurarse la clientela.

Las dos mujeres de altura similar, aunque una rubia y otra morena, no pasaron desapercibidas ni para el camarero, ni para los clientes varoniles que les acompañaron fielmente con sus miradas hasta que tomaron asiento en uno de los laterales; no obstante, el protagonismo se lo llevaba Marta, una mujer muy atractiva con una figura portentosa, además de poseer unas facciones tan simétricas que le hacían rozar la perfección, aunque lo que más resaltaba de ella eran aquellos ojos marrones fácilmente distinguibles por su tamaño.

—¿Qué les pongo, chicas? —preguntó el camarero una vez se acomodaron sus clientas.

—Ponnos una docena de churros con dos tazas de chocolate —ordenó Cristina, fiel a la promesa que había realizado.

El camarero preparó el pedido con ligereza pero lo sirvió con lentitud, para así poder contemplar a sus dos clientas predilectas que, además, eran las dos mujeres más bellas del local.

Ambas, al unísono, empezaron a mojar los churros en el chocolate, dejando que el silencio se adueñase del momento y ayudase, así, a disimular el aparente clima distendido en el que se encontraban; aunque no lo suficiente maquillado para que Marta percibiese una cierta tensión, fruto de la energía negativa que su amiga emitía, lo que le llevó a intervenir de forma directa y sin rodeos.

—Te noto un poco rara. ¿Te encuentras bien?

La pregunta alivió a Cristina, que no podía seguir fingiendo. Necesitaba hablar de todo lo que le pasaba y Marta era la única persona de confianza con la que podía abrir su corazón. Su madre, que vivía sola en Alicante, no estaba preparada para escuchar los sentimientos de su hija; su padre, por el contrario, permanecía ajeno ante cualquier novedad, dado que ni siquiera tuvo la oportunidad de conocerlo porque, al año de su nacimiento, según narraba su madre, las abandonó.

Cristina alzó su mirada y suspiró antes de intervenir.

—¿Qué pensarías si te dijese que deseo con todas mis fuerzas morir y cuanto antes mejor?

Marta soltó el churro que estaba a punto de acariciar con sus labios. De repente, el aire dejó de existir y una especie de agonía empezó a recorrer todo su cuerpo. Se había olvidado de respirar ante el *shock* recibido por unas palabras que se le incrustaron como una lanza en el corazón. ¿Cómo podía desear la muerte una persona que lo tenía todo? La respuesta era clara y contundente: Cristina había caído en una profunda depresión y fruto de ello era su figura anoréxica. En el hospital, donde ella trabajaba como enfermera, estaba cansada de ver cómo la vida actuaba igual que una montaña rusa, donde las subidas y bajadas del estado anímico eran una constante, aunque muchos tiraban la toalla y quedaban anclados al inicio de la subida, sin ser capaces de avanzar y alzar la mirada. Aquella enfermedad mental estaba causando estragos en la sociedad occidental del siglo XXI, afectando a todo tipo de personas, desde niños a mayores.

—Pensaría que necesitas ayuda urgente—contestó Marta, estirando su mano y cogiendo la de su amiga que tembleiqueaba como un flan gélido.

—Nadie puede devolverme las ganas por vivir —replicó—. Además, ¿qué sentido tiene ver cómo pasan los días y ni siquiera darte cuenta de que la vida gira entorno a ti? Es como estar bajo una plancha a presión que te oprime y te machaca sin posibilidad de escapar de su carga, donde todo lo que te rodea es sufrimiento y angustia. Te aseguro que, por más que intentase poner en palabras la agonía que recorre todo mi ser, serías incapaz de entenderlo.

—Entiendo tus sentimientos porque conozco a muchas personas que tienen los mismos síntomas que tú. Sé que es una situación muy complicada para ti, pero es precisamente en estos momentos oscuros cuando tienes que hacer un esfuerzo por intentar alzar la cabeza y ver la luz.

—Ya no puedo más —Cristina se puso las manos sobre la cara y empezó a llorar.

—Venga, tranquila, que ya verás como todo volverá a la normalidad.

Marta se levantó y abrazó a su amiga de la forma más tierna que pudo, mostrándole que ahí tenía a una amiga de verdad con la que podía contar para cualquier cosa; más cuando era consciente de que en momentos de debilidad extrema el ser humano podía adoptar posturas muy radicales y optar por la salida más aparatosa posible: el suicidio.

—Es que... todo me sale mal —decía compungida—. ¿Hasta cuándo tengo que aguantar este calvario?

Marta comprendió que el trauma que le había supuesto la ruptura con Iván, una semana antes de casarse, seguía haciendo estragos en su interior, y eso que ya había pasado un año y medio de tal evento; pero era obvio que el tiempo no había actuado como bálsamo, quizás, por la forma en la que terminaron: Iván le fue infiel en la despedida de solteros, sin pudor alguno y a cara descubierta con el claro objetivo de que aquella infidelidad llegase a oídos de la que iba a convertirse en su futura mujer, y sirviese de pretexto para romper la relación de forma contundente; de tal forma que ya no hubo más palabras entre ambos, ni siquiera una llamada telefónica, ni un adiós, tan solo una carta que rescató del buzón a los tres días de tan desdichado suceso, pero que no se atrevió a abrir, ni tampoco a tirar, por miedo a leer algo que acabase crucificándola, optando por dejarla olvidada en un cajón de su mesita de noche con el fin de leerla algún día y cerrar una herida que todavía seguía abierta y sangrante. Además, si duro fue el golpe de perder a quien iba a convertirse en el hombre con quien compartiría el resto de su vida, mayor fue el mazazo que recibió al enterarse de que había dejado embarazada a la chica que le robó su vida, con quien acabaría casándose meses después, mientras ella se quedaba sola a expensas de ser devorada por la soledad, que tanto detestaba y de la cual no podía huir ni esconderse porque parecía tener unos tentáculos que abarcaban toda su existencia.

—Imagino que debe de ser duro para ti, pero es hora de olvidar —dijo Marta, sabedora de lo que estaba hablando—. Ya verás como pronto conocerás a alguien y te convertirá en la mujer más feliz del mundo.

Cristina sacó un klínex de su bolsillo y se sonó, liberando de esa forma un poco de tensión de su cuerpo para trasladarla a su lengua y sacarla en forma de palabras.

—No quiero saber absolutamente nada de hombres —espetó—. Al menos tú tienes a un padre que te quiere y un marido que te respeta. Yo, sin embargo, he sido repudiada incomprensiblemente por mi padre y abandonada por el hombre al que más he querido... ¡por una miserable pelandusca! —añadió con rabia—. Odio a los hombres y detesto su existencia. ¡Ah, y no te lo pierdas! Para colmo de los colmos, mi jefe, ¡varón! —quiso puntualizar—, me está haciendo la vida imposible.

—¿Te la ha vuelto a jugar? —preguntó Marta, mientras regresaba a su asiento.

—Sí —asintió algo más relajada al tener la oportunidad de desahogarse y expresar sus sentimientos—. Como no tiene otra cosa que hacer, se dedica a pasearse por las mesas como si fuese un dios al que todo el mundo tiene que adorar. ¿Y qué sucede? Que si no le sacas la alfombra roja cuando lo ves y le haces la pelota, luego toma represalias contra quienes no le adoran. Ya sabes que yo no soy de ese tipo de personas que actúan con falsedad e hipocresía con tal de conseguir favoritismos a cambio de...

—Ese tío es el típico jefe cretino que por ocupar un cargo directivo se piensa que es más que los demás, cuando no cabe duda de que es un pobre miserable cuya única satisfacción es que le laman el culo porque está podrido por dentro. Vamos, pasa de él y no le hagas ni puñetero caso.

—Tal vez no puedas comprenderlo, dado que tú no tienes que aguantar las vejaciones a las que estamos sometidas quienes no babeamos cada vez que su espeluznante figura se entrecruza por nuestros caminos.

—¿Y por qué no te vas a otro periódico?

—Sabes que allí llevo cinco años trabajando y, si me voy, ¿cómo pago la hipoteca del piso? A sabiendas de que el empleo está tan mal que no hay trabajo para nadie. ¡Ojalá me hubiese preparado unas oposiciones para la administración local cuando acabé la carrera! —se lamentó Cristina, consciente de que en la actualidad la política se había convertido en el nuevo jurado de cualquier examen, donde los méritos propios sucumbían ante cualquier ilustre apellido.

Fue entonces cuando un rayo de sol traspasó los cristales de la ventana más próxima a su mesa y depositó sobre ésta un brillo especial, dejando un destello de esperanza visible en los labios de Marta.

—¡Cómo no se me había ocurrido antes! —exclamó con los ojos brillantes de emoción.

—¿Qué pasa?

Marta abrió su bolso con premura y sacó una tarjeta de color verde pistacho.

—No sé si te servirá o no, pero ayer conocí a un tipo muy peculiar en el hospital. Cuando estaba a punto de acabar mi turno, se me acercó un hombre de mediana edad, de figura esbelta y con una graciosa melena, y me entregó esta tarjeta —Cristina la ojeó con curiosidad—. Al parecer es un psicólogo que viene de Nazaret para abrirse camino en Europa. Como conoce el español a la perfección, decidió venir a España y el destino, según él, lo ha llevado hasta el Mediterráneo.

—Claro, y quieres que vaya a visitar a un desconocido en paro que no tendrá ni donde caerse muerto.

Marta quedó desconcertada ante la respuesta de su amiga, a la que no dudó en rebatir contundentemente.

—Cristina, juzgas demasiado rápido. Ese hombre me regaló la tarjeta para que se la diese a una persona que a mi juicio necesitase ayuda psicológica y, para tu información —remarcó con un tono de voz serio pero, a su vez, sereno—, me dijo textualmente: "Esta tarjeta es muy especial, es la única que he hecho y, por supuesto, la persona que aparezca en mi consulta con ella le aplicaré la terapia gratuitamente".

—Perdona, estoy un poco nerviosa —quiso disculparse al ver que había conseguido molestar a su buena amiga.

—Es cierto que al principio me pareció un poco extraño, como a ti, que un psicólogo se pasase ex profeso por el hospital con la buena voluntad de regalar una terapia. Aunque eso no fue lo que más me sorprendió —Marta enmudeció repentinamente, como si hubiese entrado en trance al evocar una situación pasada.

—¿Qué te sorprendió? —preguntó con curiosidad Cristina, al ver que su amiga se había quedado muda.

Tras una mueca en sus labios prosiguió, como si el silencio no hubiese existido.

—Su mirada... —Otro largo silencio volvió a dejar ensimismada a Marta, aunque esta vez no tardó en reaccionar—.

Sus ojos manaban una paz indescriptible: ¡jamás había visto una mirada tan limpia y bondadosa! No sé, me transmitió muy buenas vibraciones, y... ¿qué quieres que te diga? Yo soy del pensar que las cosas no pasan por casualidad. Además, el mero hecho de que quiera utilizar la técnica publicitaria más humilde del planeta y, sin embargo, la más efectiva: el boca a boca, es porque realmente trabaja muy bien —aunque su interlocutora permanecía en silencio, no era difícil observar una actitud distinta a la que había mostrado hasta el momento: por fin estaba en actitud de escucha, sin la cerrazón que la aturullaba—. Cristina, te lo digo con el corazón en la mano, necesitas ayuda y no pierdes nada por ir. Prueba, y si no te gusta, no vuelvas.

Ante el buen consejo que estaba recibiendo, Cristina no pudo más que mirar a su amiga y asentir con su mirada.

«Quizás tenga razón y necesite ayuda... Iré, y si no me convence, no vuelvo y punto», pensó Cristina mientras bordeaba con la yema de sus dedos una tarjeta tan austera como la llegada de cualquier inmigrante sin dinero, que confía en la providencia y en la ayuda compasiva de algún ser humano que se apiade de ellos y les ofrezca un plato para comer o, en el mejor de los casos, un trabajo con el que poder sustentarse y garantizarse un futuro digno.

—De acuerdo —contestó con una imperceptible mueca de ilusión; aunque suficiente para que un rayo de esperanza alcanzase su corazón, tan abatido y castigado por una mente donde el raciocinio había dejado de coexistir para dejar lugar a la desilusión, la amargura, la tristeza y la ansiedad, que habían ganado fácilmente la batalla a la alegría, la paz y la armonía, que yacían moribundas e impotentes ante el abrumador dominio de la sinrazón.

La enfermera se limitó a sonreír, para que Cristina no sintiese presión ante aquella decisión, factor que aprovechó para darle un giro a la conversación y pasar a temas más incandescentes y menos trascendentales, algo que agradeció Cristina, quien, por unos momentos, pudo dejar al margen su apenado yo y disfrutar de la compañía de una amiga a la que quería como una hermana.

Alargaron su encuentro hasta que el sol mostró indicios de que se estaba adormeciendo, lo que marcaría una melancólica despedida por parte de Cristina, quien, muy a su pesar, debía regresar a su morada y enfrentarse a su compañera de piso: la temida y exasperante soledad.

De camino, multitud de preguntas sin respuesta le acechaban: ¿Por qué la vida estaba siendo tan dura con ella? ¿Acaso no se merecía una tregua? ¿Por qué el destino no era capaz de unirse a ella y bailar al son de la felicidad? ¿Acaso ella estaba privada de cualquier tipo de deleite y tenía que danzar con la tristeza para el resto de su vida? ¡Cuánta injusticia!, pensaba mientras sus pasos descompasados iban llevándola hasta lo que ella consideraba un cementerio, más que un hogar.

El sonido de la cerradura al abrir la puerta de su casa le sonó, paradójicamente, al cerrojo que echan a los presos cuando forzosamente tienen que ocupar sus celdas a la hora de dormir. Era cruzar el umbral de la puerta y encontrarse con una nube cargada de melancolía, como si maquiavélicamente le estuviese esperando para posarse sobre su cabeza, actuando como un avispero de pensamientos destructivos que solo dejaban parcialmente de actuar cuando encendía la televisión y se dejaba engullir por el sofá, mientras malcomía un sándwich, de lo primero que encontraba en su desértica nevera.

Entre bocado y bocado su mente captaba inexorablemente las noticias depresivas que cualquier cadena ofrecía al espectador: muertes, corrupción, desastres naturales, robos, accidentes mortales y un sinfín de noticias capaces de mermar el ánimo a cualquiera: exactamente lo mismo que ella tenía que escribir diariamente en su periódico, aunque, sin embargo, fuese inconsciente de estar frente a un aparato que la clase política manipulaba a su libre albedrío, con tal de crear cerebros clonados y llenos de contradicciones para tener a raya a la sociedad con un mensaje sutil pero subliminal: «El mundo no funciona, afortunadamente tú eres una de las personas venturosas que puede contar este día; así que, no te preocupes, permanece dócil a las órdenes de los fieles mandatarios que velan honestamente por tu seguridad y sigue trabajando sin rechistar, que eso te permitirá disfrutar de las necesarias compras que cada día debes realizar para poder pertenecer al mundo de los elegidos, un mundo regido por el único dios que puede darte la felicidad: el dios Don Dinero». Y para cerrar el noticiario, nada más subliminal que la sección de deportes, completamente politizada y de carácter monotemático: fútbol; momento adecuado para que sus detractores, como Cristina, aprovechasen para ir al servicio, cepillarse los dientes, ponerse el pijama y prepararse para ver una película romántica, donde la realidad se convertía en ficción e, inconscientemente, la mente la transformaba en un sueño idílico de lo que podría ser pero no es; un cóctel idóneo para acostarse con la frustración que suponía el no conseguir lo que aparentemente otros conseguían y, así, concluir el día con una letanía de lamentaciones, convertida en un ritual de pensamientos punitivos con el que Cristina se despedía cada noche: «¡Maldita sea! ¿Y por qué todo el mundo encuentra el amor de su vida y yo no? ¿Tan miserable soy que no hay nadie en la Tierra que se fije en mí? ¿Por qué diablos me tiene que pasar a mí? Vaya mierda de vida que se ceba conmigo y hace que todo me vaya mal. ¿Es que no voy a poder ser feliz algún día? Y para acabarla de rematar, mañana vuelta al curro para ver al «Búho» —mote que utilizaban ella y otra compañera cuando se referían a Alberto Vallado, su jefe de redacción, porque siempre las estaba controlando—. Es un tío insoportable, por no decir un auténtico hijo de chucha. ¿Pero qué se habrá creído el tipo ese? ¿Acaso se piensa que somos sus esclavas y que todo el mundo tiene que girar en torno a su apestoso trasero? Y para su deleite, cuatro pelotas de turno le bailan la jota y le tiran la alfombra cada vez que saluda a los que cree son sus plebeyos: ¡serán gilipollas! ¿Pero no se dan cuenta de que es un falso, un soberbio y un prepotente capaz de exasperar a cualquiera? ¿Cómo se atreve ese mequetrefe a decirme que, como es el jefe, hace lo que él diga o me larga? ¿Acaso se piensa que es un ser superior por ejercer un insignificante cargo que, además, lo ocupa por puro enchufe de su papá? Mañana mismo se va a enterar ese pajarraco...».

—¡No te atreverás! —exclamó Concha, viendo que ya tenía el teléfono en la mano.

—¿Qué te apuestas? —retó Cristina con una mirada y una sonrisa maquiavélica.

Concha se echó a reír al ver que su compañera no dudaba en hacer lo que llevaba tiempo planeando.

—Anda, acércate al tablón de anuncios —lugar desde donde se podía observar el despacho de Alberto— y avísame si viene el Búho, no sea que encima que el tío no pega chapa y se pasa el día vegetando se libre de ésta —añadió, mientras decididamente marcaba el número de teléfono.

Concha cumplió las órdenes de su compañera, mientras observaba con incredulidad lo que tantas veces había escuchado y que, por fin, aquellas amenazas se hacían realidad.

—Buenos días, me gustaría informarle de que en la calle Lepanto, número cinco, hay un BMW matrícula 1387 MLZ sobre la acera mal aparcado e interfiere el paso de los peatones.

Cristina alzó el puño en señal de victoria, gesto que pasó desapercibido para los otros seis compañeros que se encontraban en la sala, aunque no para Concha, consciente de que el plan había sido brillantemente ejecutado.

El marchar rápido de Concha indicó a Cristina que el moro se acercaba por la costa. Con avidez introdujo su teléfono en el bolso y se puso frente al teclado del ordenador, no fuese que por no tener las manos sobre el teclado le cayese la típica reprimenda a la que no acababa de acostumbrarse.

—Venga, holgazanes, en una hora quiero vuestras noticias sobre mi mesa —espetó Alberto, esperando las sonrisas de sus secuaces mientras hacía su peculiar paseíllo.

«Míralo, con su corbata medieval y su camisa juvenil, creyéndose que es Tom Cruise, cuando no es más que un pobre viejo verde. En el retrete de su casa lo sentaba yo y estiraba la cadena con la fortuna de que se formase un pequeño remolino que lo absorbiese por las tuberías y acabase donde se merece estar: ¡en las cloacas! Fíjate, peliblanco y con tantas arrugas que parece un acordeón, pensándose que es el guaperas de la isla de los famosos, cuando no es más que un sinvergüenza que no lo aguanta ni la santa de su mujer, que lo sienta a comer solo en un rincón de la cocina porque no lo soporta. Ahí va, esperando que todo el mundo le dé palmaditas en la espalda. "Buenos días, jefe, que corbata más bonita lleva", le dice la pamplinera de turno, con tal de recibir un aumento de sueldo; "Hola, jefe, enseguida le llevo un artículo de esos que le gustan a usted", le dice el pelota de Jesús, cubriendo su incompetencia con palabras aduladoras —pensaba Cristina, totalmente indignada—. Como esta vez me suelte alguna fresca, no me voy a callar».

La sala estaba compuesta por un largo pasillo en cuyos laterales se encontraban las mesas de los empleados, envueltas por un cristal de media altura que otorgaba una especie de independencia con el resto de trabajadores; aunque no la suficiente para alguien que estuviese de pie paseando y controlando al personal.

Justo en el preciso instante en el que Alberto iba a pasar delante de la mesa de Cristina y le iba a dirigir unas palabras, la voz de Jesús irrumpió con fuerza.

—Jefe, ¿ese BMV que va a cargar la grúa no es el suyo?

Alberto se precipitó hasta la ventana con cara de sorpresa y una cierta incredulidad, ya que había aparcado durante cuatro años en el mismo sitio y en ese periodo ni siquiera había recibido una amonestación verbal.

—Joder, ¿qué coño están haciendo? —gritó indignado al comprobar que se trataba de su coche.

Con una agilidad impropia de un hombre sedentario y en la recta final de su vida laboral, Alberto salió corriendo del despacho a la velocidad del viento.

Concha y Cristina se intercambiaron una mirada cómplice, una de esas miradas que muestran una satisfacción personal propia de la alegría no exteriorizada.

«¡Madre mía, qué eficacia! —pensó Cristina, ante la rapidez con la que había actuado la policía local—. Cuando se produce un robo tardan horas en aparecer, pero en cuanto se trata de poner multas para recaudar dinero: ¡tardan segundos!».

Todos los empleados se precipitaron a la cristalera para no perderse el espectáculo; no obstante, el chivatazo le sirvió a Alberto para llegar a tiempo y que la grúa no se llevase el coche a cambio de la temida receta policial, que suponía el pago de una multa para uno y la recompensa de cinco años de humillación para la otra.

Alberto llegó ufano a la sala, inconsciente de que fuese su propia empleada la culpable de aquella jugarreta, y, con rostro complaciente, añadió:

—¡Qué no corra el pánico! Una pequeña multa que por supuesto no tendré que pagar —tras una breve pausa exclamó—: ¡Para algo se inventaron los cuñados!

La mueca de satisfacción que dibujaban los labios de Cristina desapareció tras escuchar las palabras de Alberto, y, moviendo la cabeza de un lado a otro, miró a su compañera, que expresaba con su mirada la misma indignación. Para ambas fue irritante saber que aquel plan se había venido abajo porque el susodicho tenía una hermana cuyo marido era concejal del ayuntamiento capaz de proporcionar, sin mayor inconveniente, el indulto al infractor.

«Si está claro que no solo los reyes viven del cuento. ¡Viva la democracia!».

Ya sería durante el almuerzo, junto a la máquina de café que había en la habitación contigua, aprovechando que el resto de compañeros habían salido fuera a fumar, cuando Cristina y Concha comentaron, como en un partido de fútbol, las mejores jugadas de la mañana.

—¿Viste la cara del viejo, cuando el aguafiestas le dijo lo del coche? —decía la una.

—¡Puf! Me mondaba de la risa —respondía la otra.

—Como el Búho es un chulo de cuidado, estoy convencida de que mañana te vuelve a aparcar en el mismo sitio. Pero, esta vez, hazme un favor, ponte un buen escote y ve a consultar algo con el chivato de turno que está en todas, porque si conseguimos que la grúa acabe su faena, no habrá quien le quite la multa.

—Además del incordio que supone el ir al depósito a recoger el coche.

—Y de la mala leche con la que se te queda el cuerpo.

Las dos estallaron a reír, solo de pensar en el placer que les supondría ver a su jefe enervado hasta la médula cuando se encontrase con un triángulo amarillo que le indicase la nueva ubicación de su coche.

En multitud de ocasiones habían hablado de lo injusto que era trabajar con un ser que se creía superior al resto de los mortales. Les crispaba que su jefe tuviese la concepción de que estaba en su deber de aparcar donde más cómodo le resultase, sin pensar en las molestias que podía ocasionar a los viandantes de la zona, además de la incomodidad y el peligro al que exponía con su imprudencia a aquellas personas que iban en silla de ruedas, quienes se veían obligadas a invadir la calzada al ver irrumpido su trayecto.

—Por cierto, ¿crees que ficharán a Charo para la liga de la NBA? —dijo Cristina—. «Jefe, que corbata más bonita lleva» —repetía sarcásticamente, y con voz de pito, la frase que previamente había dicho la que consideraban una auténtica jugadora, capaz de hacer la pelota hasta dormida—. Para mí que está intentando camelárselo para que cuando el abuelo se jubile le ceda su puesto.

—Ya te digo —asintió Concha—. En cuanto larguen a ese truhán, seguro que nos meten a Charito, que es una mandona de armas tomar. Vamos, que como nos la pongan de jefa... ¡vuelven las águilas!

—¿Te has fijado que en cuanto puede se mete en su despacho y le deja babeando con sus tonterías? Si es que parece un caracol, no se arrastra más porque no puede.

—¡Que si me he fijado! Si ya solo le falta abrirse de piernas.

—Si es que todavía no lo ha hecho, claro.

El sonido de la manivela interrumpió su animosa conversación. Una vez saciado el mono de nicotina, los fumadores se enfilaban hacia la cafetera para darle un poco de cafeína a su cuerpo.

—Aprovechando la coyuntura, voy a llamar a mi madre que hoy es su cumpleaños —informó Cristina a su compañera.

—Estupendo, mientras yo escribiré un email a mi hermano.

Cristina salió a la calle en busca de un poco de aire fresco y así consumir los diez minutos que todavía le quedaban libres, antes de regresar a la redacción y emprender las noticias que configuraban su sección principal: política y economía española. Al principio le parecía una aberración el hecho de manipular la información que le llegaba, hasta que comprendió que era ley de vida. Así funcionaba la sociedad y no había más remedio que unirse al carro para sobrevivir. O el periódico se marcaba una orientación política y recibía subvenciones, ayudas, inversiones en publicidad y todo tipo de favoritismos por parte del partido político en cuestión o no había forma de alcanzar los beneficios que la dirección consideraba estimada. En su caso concreto, el periódico mostraba una clara tendencia hacia la izquierda, de forma que cuando algún miembro del PSOE cometía alguna irregularidad, su misión consistía en contrarrestar la información que otros periódicos —los que apoyaban a la derecha— ofrecían al respecto, elaborando una noticia que pudiese poner en evidencia a algún miembro del Partido Popular, y como todos tenían trapos sucios, no resultaba difícil encontrar casos de corrupción, cohecho o prevaricación. El sistema estaba tan contaminado que entre unos y otros se protegían, dejando una única víctima: el trabajador de a pie. Hoy mismo tendría que encubrir el déficit que el Gobierno estaba dejando al pueblo español, ofreciendo datos positivos de la forma más elocuente posible. Así, a pesar de los cuatro millones de parados, no le resultaría difícil redactar algún dato positivo exponiendo que el paro había disminuido durante el actual mes de mayo, con relación al mes de mayo del año anterior. De esta forma, aunque el desempleo siguiese aumentando, parecería que el número de parados descendía y que había claros indicios de que se estaba saliendo de la crisis. Un trabajo donde la mentira, el engaño y la manipulación se convertían en el eje central de actuación, con el fin de encubrir la verdad y de este modo transformarla en una mera utopía. Una curiosa paradoja, pero la verdad era el principal enemigo a combatir, no fuese que el pueblo despertase y comenzase a rebelarse contra la dominación social de los poderosos, ávidos y fieros por mantener su estatus social y económico; así que, nada mejor que dominar los medios de comunicación para tener a todos controlados.

Cristina marcó el número de su madre y, tras un par de toques, una voz hogareña repuso al otro lado del teléfono:

—¡Sí!

—¡Mamá, felicidades!

—¡Hola, cariño! —dijo entusiasmada la cumpleañera, ensimismada con escuchar la siempre y grata llamada de su hija—. ¡Muchas gracias!

—¿Cómo te sientes al dejar la adolescencia y entrar en tu segunda juventud?

—¡Qué graciosa! Si ya tengo un pie y medio en la tumba, como para vivir mi segunda juventud.

—Anda, no digas eso que tú tienes que hacerte centenaria, ¡o no te entierro, eh!

—Espero que no, porque con los achaques que me dan mis huesos no puedo casi ni menearme sin que sienta dolor en alguna parte de mi cuerpo...

La conversación con su madre, de nombre María, giró, como solía ser habitual, sobre la descripción exhaustiva de cada una de las dolencias físicas que su cuerpo mostraba con el paso del tiempo. Tal era el grado de hipocondría que, en ocasiones, incluso llegaba a sentir dolor en el bello que cubrían sus brazos. Quizás fuese un factor genético o un acto social aprendido, pero en cuanto una acababa de exponer sus dolencias, la otra concluía con la típica estampa de una mujer hundida y depresiva. Entre la una y la otra no hacían una, incapaces de quitarse la nube negra que ellas mismas habían decidido instaurar sobre sus cabezas; a veces, incluso parecían estar cómodas sintiéndose víctimas de un mundo que consideraban cruel y mezquino.

Cristina vivía en un estado continuo de ansiedad. Cualquier cosa, por minúscula que fuese, era transformada por su mente en una montaña imposible de escalar. Fruto de ello era su irritabilidad, por ello saltaba como un erizo ante cualquier nimiedad que no entrase dentro de su rígido esquema mental: repelente idóneo para alejar de ella a cualquier hombre que mostrase un cierto interés ante su apreciada figura; sin embargo, la negatividad que desprendía cada poro de su piel era el detonante para que nunca consiguiese pasar de una segunda cita. Aunque siempre se las arreglaba para justificarse y encontrar algún defecto en la otra persona que pudiese ratificar su precaria identidad, sutil mecanismo de defensa que utilizaba para reafirmarse. Engaño en el que caía una y otra vez, sin percatarse de que el problema provenía de fuentes mucho más profundas.

En cuanto se despidió de su madre e introdujo el móvil en su bolso, resaltó de su interior, como una perla preciosa, la tarjeta de aquel psicólogo de Nazaret que su amiga le había recomendado. ¿Valdría la pena asistir a su terapia o sería un vulgar comecocos con quien no haría otra cosa que perder su tiempo?

En un primer instante pensó en depositar la tarjeta en la papelera, que en aquel preciso instante se encontraba a su lado, dado que no se veía en la tesitura de asistir a una terapia; y todavía menos estando convencida de que su problema venía causado por la mala suerte, no por un problema psicológico o una posible depresión, tal y como su amiga Marta le había diagnosticado. ¿Qué sabría ella? Si hubiese tenido la misma fortuna de encontrar un marido como el suyo: rico, guapo y culto, además de disfrutar en su trabajo, todo sería diferente. Sin embargo, en un acto reflejo y percatándose de que su media hora de descanso había llegado a su fin, volvió a depositar la tarjeta en su bolso y marchó hacia aquella particular prisión en la que se encontraba atrapada, consciente de la amonestación visual que recibiría por parte de un jefe capaz de hablar con sumo desprecio incluso con una simple mirada, la cual solía cargar de prepotencia y antipatía hacia aquellos trabajadores que se mostraban reticentes a su mandato, y a la que solía recurrir para mostrar su tirantez siempre que estos se demorasen unos segundos en reincorporarse tras el descanso.

No se equivocó Cristina, en cuanto apareció y entró dentro del campo visual de Alberto, este no dejó de mirarla como un felino enfurecido hasta que la periodista tomó asiento.

«¿Qué miras, desgraciado?» —fue la respuesta visual de Cristina, tan elocuente y amenazante que estuvo a punto de transformar sus pensamientos en palabras.

Para su pesar, aquella mirada desafiante no quedaría impune y traería sus consecuencias, ya que Alberto le hizo rehacer el artículo que le había entregado previamente por considerar que no tenía la suficiente calidad literaria para una publicación, de forma que no tuvo más remedio que hacer una hora extra por amor al arte.

En cuanto abandonó el edificio, sus pensamientos adquirieron un tono más duro y pesimista de lo habitual, fruto del castigo recibido:

«Ese tío es maquiavélico. ¿Pero qué se habrá creído? ¿Acaso los dos pelotas de turno no han llegado a su mesa de trabajo después de mí y no les ha dicho nada? ¿Qué diablos le he hecho yo para que me trate como una esclava? Ahora sabrás lo que te va a costar esa hora extra...».

Cristina se olvidó, una vez más, de la hora de la comida y se dirigió como un velero en un día de viento a la consulta del doctor Andrés. Se despeinó antes de entrar, puso cara desencajada y con el sino de su parte pudo entrar en consulta sin tener que esperar siquiera un segundo.

El doctor la atendió de forma muy profesional. Le tomó el pulso y observó que lo tenía muy acelerado. A continuación decidió tomarle la tensión, la cual mostraba valores preocupantes, lo que le llevó a efectuar varias preguntas que Cristina contestó fidedignamente, aunque no le importó darle un poco de dramatismo al asunto.

En veinte minutos Cristina salió de la consulta con el parte de baja entre sus manos, con el mismo diagnóstico que el día anterior se atrevió a profetizar su amiga: depresión. El doctor le indicó que permanecería un mes de baja y que debería hacer ejercicio regularmente; también le recalcó la importancia de realizar cinco comidas diarias con o sin apetito, además de actividades de ocio en las que pudiese disfrutar y relajarse, de forma que, si durante ese tiempo no mejoraba, la pondría en manos de un psiquiatra que le recetaría la medicación oportuna con tal de restablecer los niveles de serotonina en su cerebro; no obstante, antes de recurrir a la química, el doctor le preguntó si podía permitirse el lujo de pagar a un psicólogo, puesto que la ayuda terapéutica era muy eficaz para abordar con mayor efectividad casos como el suyo: «Sería interesante que se pusiese en manos de un psicólogo. Yo soy partidario de dejar al cuerpo que actúe por sí mismo, antes de recurrir a la química, dado que este tipo de medicamentos están cargados de efectos secundarios y en muchas ocasiones generan una gran dependencia —expuso el doctor con sinceridad—. A ello habría que añadirle un aspecto importante a tener en cuenta, y es que la medicación no repara el pensamiento disfuncional de las personas con depresión, por lo que el problema persiste si no llegamos hasta la raíz de la causa que genera esa disfunción. Además, dado que, según me ha contado usted, en el trabajo podrían poner algunos impedimentos a su baja laboral, el justificante de asistir a una terapia psicológica sería irrefutable por parte de la empresa, la cual se abstendría de recurrir a una posible investigación. ¡Imagínese los quebraderos de cabeza que ello le conllevaría! Se agravaría mucho más su caso».

Las palabras del doctor retumbaban en su mente como el eco que producen las palabras en el fondo de un valle.

«Ahora no me queda más remedio que visitar al psicólogo de Nazaret. ¡Al menos es gratis y no pierdo nada en ir a su consulta!» —pensaba Cristina mientras se dirigía a su empresa a entregar la baja laboral.

Le habría gustado ver la cara de Alberto al entregar dicho documento, pero, para su infortunio, ya no se encontraba allí. Así que dejó la baja en recepción, para que al día siguiente se la entregasen a su jefe y mientras fuesen pensando en alguien que cubriese su puesto.

Al abandonar el segundo edificio en el que más tiempo invertía, después de su hogar, no pudo hacer otra cosa que respirar con profundidad y pensar con orgullo lo mucho que iban a notar su ausencia, ya que su sección era una de las más brillantes gracias a la capacidad que tenía de jugar con las palabras y expresarlas de una forma tan peculiar y personal, que le otorgaba el poder de llegar al público con fuerza. Ahora tendrían que apañárselas sin ella, factor que le resarcía por todo el daño que su jefe le había causado durante tanto tiempo.

2

Apenas habían trascurrido tres horas desde que Cristina salió de la consulta del médico, cuando el agobio y el hastío se adueñaron de todo su ser.

«¡Madre mía! ¿Y ahora que hago si no tengo a nadie con quien pasar este mes? —pensaba desconsolada—. Las pocas amistades que tengo tienen pareja o están trabajando; si voy a visitar a mi madre, en tres días estamos que nos tiramos de los pelos; para irme de vacaciones sola no tiene sentido: ¡qué aburrimiento!; lo de hacer ejercicio me parece una cursilada y eso de las cinco comidas es para las focas. Entonces, ¿qué diantre hago, me paso todo el tiempo encerrada en casa viendo la televisión? —se preguntaba de forma reflexiva, esperando encontrar alguna respuesta que calmase su inquietud—. ¡Hecho! —se dijo, reincorporándose enérgicamente del sofá. Apagó la televisión y cogió su bolso de corte italiano—. Me voy a ver a ese psicólogo y por lo menos me entretengo un rato, no sea que acabe haciendo el supermán por el balcón».

La calle donde se encontraba la consulta del psicólogo estaba ubicada a apenas diez minutos a paso ligero de su casa.

Junto al portal leyó un rótulo, exactamente igual que la tarjeta que tenía, y en el que estaba escrito el nombre del psicólogo y, en mayúsculas, la profesión que ejercía:

Naim de Nazaret PSICÓLOGO

La puerta de hierro, adornada con un cristal que hacía la función de espejo y que blindaba la entrada al edificio, estaba entreabierta, de forma que optó por entrar sin llamar al timbre. Al tratarse de un primer piso decidió no tomar el ascensor, aunque al comenzar a subir las escaleras se percató de que la finca era tan vieja que carecía del mismo.

Lo primero que pensó al llegar al rellano del primer piso, fue que el edificio necesitaba una capa de pintura: las paredes parecían haber sufrido un ciclón; aunque el deterioro no solo se observaba en las paredes, sino en la puerta de la consulta, que clamaba a gritos una capa de barniz, antes de que la carcoma acabase con ella definitivamente.

No muy convencida de lo que estaba haciendo, y a pesar de querer dar media vuelta y marcharse, decidió tocar el timbre. Pero para su sorpresa, lo que aparentaba ser un timbre, era la luz del rellano. ¡Ni siquiera tenía timbre!

«Pobre hombre, lo debe de estar pasando fatal», fue el primer pensamiento que le vino en mente a Cristina.

Sin mucha convicción cerró el puño y, sintiéndose como si hubiese retrocedido cuarenta años en el tiempo, dio tres fuertes toques sobre la puerta.

—¡Menos mal que no se ha caído! —ironizó, temiendo echar la puerta abajo por el estado tan precario que mostraba la misma.

Al instante, aquella puerta sombría se abrió dejando escapar una ráfaga de aire fresco y un suave aroma proveniente del interior. En el umbral de la puerta se hallaba la figura esbelta de un hombre con claros rasgos asiáticos por el color de su piel; lucía una melena muy atractiva y un corte de barba a tijera, que le hacían sumamente atractivo. Pero la mirada limpia y cautivadora de aquel hombre era tan profunda y penetrante, que consiguió en un golpe de vista lo que ningún otro varón había conseguido hasta el momento: que aquella figura femenina fuese recorrida por un escalofrío de pies a cabeza.

Naim lucía una camisa blanca de estilo ibicenco y unos pantalones vaqueros azules, propios de alguien que le gustaban los colores claros y alegres. Cristina, por su parte, llevaba los mismos colores pero intercambiados: unos pantalones de tela y una camiseta ceñida que remarcaba su figura.

No pasó desapercibido para Cristina el calzado del que iba a convertirse, sin duda, en su psicólogo: unas sandalias marrón claro que dejaban la perfecta transpiración para la época veraniega que se solapaba, como en los últimos años venía sucediendo, con el tiempo primaveral.

«¡Esto sí que es un hombre!», pensó Cristina, que se había quedado anonadada y sin palabras, incapaz de reaccionar.

—Veo que la tarjeta ha parado en buenas manos —rompió el hielo Naim, al ver a Cristina inmóvil y con la tarjeta verde en su mano derecha.

—¡Eh..., sí!

—¿Y con quién tengo el gusto de hablar?

—Con Cristina.

—Adelante, Cristina.

El psicólogo condujo a su paciente al despacho y le invitó a sentarse en un cómodo sillón de tela lisa y con apoya brazos. Enfrente, y en otro sillón de las mismas características, hizo lo propio Naim.

Cristina, que había entrevistado a varios psicólogos a lo largo de su carrera profesional, tenía constancia de cómo eran las consultas de psicología, aunque nada tenían que ver con aquella. En un principio le sorprendió que entre ellos no existiese un escritorio que les separase, tan solo un espacio prudencial y confortable. También observó que los sillones eran exactamente iguales, cuando estaba acostumbrada a que el psicólogo estuviese en un sillón mucho mayor que el de su cliente, con el fin de ofrecer mayor relevancia y presencia; pero lo que más le chocó fue la austeridad que recubría la habitación: tan solo un escritorio situado en una esquina y en frente una silla de madera.

—Forma parte de la terapia —apuntó Naim, al intuir lo que estaba pensando Cristina.

—Ah, estupendo.

—Los ambientes recargados son producto del consumismo occidental y de la teoría de los gobernantes: llenar la cabeza de ruido y sobrecargar el cerebro de imágenes para no pensar, además de ser una forma estupenda para conseguir que el dinero esté en continuo movimiento y la sociedad de consumo no decaiga. —Cristina, de no haber sabido por su amiga que estaba ante un hombre de Israel, habría pensado que era español porque apenas tenía acento—. Yo, como bien sabes, provengo de otra cultura, con lo cual no me resulta difícil mantenerme al margen.

—Claro.

—Me da la sensación de que estás un poco nerviosa, ¿verdad?

—Sí, un poquito —sonrió Cristina, consiguiendo liberar parte de la tensión que su cuerpo acumulaba desde hacía meses.

—Imagino que querrás saber en qué consiste mi terapia y por qué la ofrezco, en tu caso —quiso recalcar Naim—, de forma totalmente desinteresada.

La respuesta pasó rápidamente por la mente de Cristina, aunque no se atrevió a ser tan sincera. Si le dijese que nadie hacía nada por nadie y que luego tendría la misión de correr la voz por todas sus amistades de lo bueno que era, en ambas concepciones de verbo ser y estar, claro, quedaría como una repelente. Y si a ello le añadía que lo único que quería era un informe terapéutico y, si él quisiese, una cenita romántica a ver qué surgía, seguro que entonces la mandaba a paseo a las primeras de cambio.

—Bueno, la verdad es que no creo que puedas hacer mucho por mí... Hay casos imposibles —bromeó Cristina, saliendo del paso de la forma más cortés posible.

—Efectivamente, en cuanto uno decide adoptar el papel de víctima y se acomoda sobre él, no hay nada que hacer.

La respuesta de Naim dejó patente desde el primer momento que no se andaba con nimiedades. Sinceridad que agradeció Cristina, quien había captado la indirecta y, por mucho que le doliese, no le quedaba más remedio que aceptar una gran verdad.

—Es posible... Entonces, ¿podrías explicarme en qué consiste tu terapia? —indagó Cristina, queriendo demostrar que estaba dispuesta a cambiar el rol que hasta la fecha había adoptado de una vez por todas y para siempre—. Y, si no es una indiscreción —puntualizó—, ¿podrías explicarme, a su vez, por qué estás dispuesto a realizar un trabajo gratuito?

—En primer lugar me gustaría responder a tu segunda pregunta —repuso Naim, cómodamente sentado con las piernas en ángulo recto y dejando sus brazos reposar sobre los laterales del sillón—. La pureza de la gratuidad —prosiguió— siempre envuelve a los aspectos más bellos e importantes de la existencia humana, donde la persona en sí es lo importante y, por tanto, libre de las garras opresoras del consumismo, donde el dinero, por el contrario, se perfila como el principal medio a recaudar a través de la seducción de nuestra mente de forma completamente artificial, no por lo que somos, sino por lo que tenemos. Si te das cuenta, la vida, que es el mayor regalo que se nos ha ofrecido, es algo totalmente gratuito, ¿verdad? Que yo sepa no salimos del vientre materno con un cheque en nuestras manos —bromeó Naim—. De igual modo, mi terapia, en esta situación concreta, también quiero que sea gratuita porque se la ofrezco a alguien que realmente la necesita. No para que luego me hagas publicidad, como quizás hayas podido pensar, dado que seguramente me mude a otra ciudad en cuanto finalice el mes que dura mi terapia —Cristina quedó impresionada de que el doctor le hubiese concedido, precisamente, un mes de baja; aunque quedó despagada al saber que aquel hombre esculpido por la naturaleza con absoluto mimo y detalle, desaparecería de su vida en apenas treinta días—. Mi objetivo no se basa en la premisa de acumular dinero, cuando tengo lo imprescindible, ni más ni menos, sino en ayudar a aquellos que lo necesitan para construir un mundo mejor —expuso con total sinceridad.

Cristina asintió con la cabeza, admirada que el destino le hubiese ofrecido la oportunidad de trabajar con un psicólogo que, por la trasparencia de su mirada, la fortaleza en su sonrisa y la dulzura de su voz, mostraba que tenía mucho que ofrecerle.

—Y en cuanto a tu primera cuestión —prosiguió—, mi forma de trabajar es muy distinta a cualquier tipo de terapia que hayas podido asistir o conocer, pero sorprendentemente efectiva. De hecho, si el paciente sigue las indicaciones pertinentes de forma fidedigna, su vida cambiará de forma radical:

la tristeza se transformará en alegría, las lágrimas darán paso a las sonrisas, y la ansiedad abandonará su morada para disfrutar de una enorme paz interior y un gozo profundo —las palabras de Naim embelesaron a Cristina, que ansiaba conseguir lo que con varios libros de autoayuda nunca obtuvieron: un poco de paz que le permitiese vivir tranquila y no en un estado continuo de malestar—. Pero para ello necesitaría que te abandonases confiadamente en mis manos durante un mes. ¿Te atreves con el reto?

—¡Claro! —dijo animosa Cristina, quien deseaba empezar la terapia lo antes posible y quitarse de encima toda la porquería que anidaba en su mente y en su corazón—, aunque me cuesta creer que puedas transformar mi vida en tan solo un mes.

—No seré yo quien lo haga.

—¿Ah, no? —preguntó sorprendida Cristina.

—No —sonrió Naim—, por mucho que me gustaría.

—¿Entonces?

—Lo hará un compatriota amigo mío llamado Jesús de Nazaret.

En cuanto Cristina escuchó el nombre de Jesús, se puso las manos sobre la cara para mover su cabeza de izquierda a derecha mostrando una contundente desaprobación.

«Ya me parecía a mí que era todo demasiado perfecto. Ahora resulta que este no es más que un pobre charlatán y, si te descuidas, igual es hasta cura. Mejor me largo antes de que me intente comer el tarro».

Cristina, acorde a sus pensamientos, se levantó con la firme intención de irse lo antes posible y, mirando a Naim, añadió:

—Lo siento, pero no soy creyente. Es más, me apuesto lo que quieras que no encuentras una persona más atea que yo en toda la faz de la tierra.

Naim desplegó una enorme sonrisa y sin turbarse contestó:

—Puedes estar tranquila, pues ni soy un charlatán, como seguramente estás pensando, y tampoco un sacerdote —¿Cómo era posible que aquel hombre de mirada limpia adivinase siempre sus pensamientos?, pensó desconcertada Cristina—; y, por supuesto, no es mi intención convertirte al cristianismo ni a ninguna religión —quiso aclarar Naim—. La terapia consiste en contemplar al hombre más feliz que pasó por la Tierra en todos los tiempos, y aplicar su psicología y su estilo de vida en nuestras vidas, independientemente de que creas que es el Hijo de Dios, que pienses que fuese un profeta o que consideres que era un simple hombre. Si hubo en el mundo una persona capaz de conectar con su más pura esencia, de vivir en un estado continuo de libertad y de paz interior, además de adquirir un desarrollo personal completo y autorrealizarse como hombre, ese fue Jesús. Afortunadamente alguien se preocupó por recopilar sus enseñanzas y su biografía, con lo cual nos ha dejado un material de un valor indescriptible para poder aplicarlo en nuestras vidas desde el ámbito de la psicología. No obstante, siéntete muy libre para adentrarte en la terapia o para marcharte, si así lo deseas.

La explicación de Naim dejó todavía más confusa a Cristina, que no sabía si sentarse y seguir escuchando lo que parecía estar tocando su corazón, o desaparecer de su vista por miedo a que le intentase manipular con historias religiosas.

—Entonces... ¿no vas a intentar convertirme al cristianismo? —preguntó con total trasparencia Cristina—. Porque debo advertirte que en cuanto escucho la palabra «Dios» me enervo, pues no creo que exista y, si existiese, me parece un auténtico criminal, un malhechor inhumano por haber tenido la desfachatez de haber creado un mundo como este y permanecer impasivo ante los tristes acontecimientos que nos rodean; por lo tanto, me decanto por su no-existencia y por creer en el azar de la vida.

—Aquí, que yo sepa, y corrígeme si me equivoco, la única persona que ha nombrado a Dios eres tú —contestó Naim.

—Sí, pero tú crees en Dios, ¿verdad?

—¿Realmente te interesa saberlo? ¿Acaso ese dato puede cambiar la terapia? O sea, que si creo en Dios tú te vas a sentir incomoda porque tal vez quiera convencerte de mis creencias, ¿verdad?; pero si no creo, te quedas más tranquila porque sabes que no tienes que permanecer alerta, ¿no es así? —Cristina no habría podido ser más explicita en aquellas preguntas retóricas—. En ese caso deberías saber que lejos de mí está el intentar transmitirte cualquier tipo de dogma, pues cada uno es libre de pensar lo que quiera y yo no soy nadie para decirte lo que tú tienes que creer. Así que me da exactamente lo mismo que seas atea, agnóstica, musulmana, budista, hindú, protestante, católica, ortodoxa o que creas que las margaritas son la fuente de la juventud o que Maradona es Dios.

Una carcajada involuntaria e incontrolable salió de los labios de Cristina y, tras unos segundos de silencio, añadió:

—Supongo que dará igual —dijo, retomando su asiento y sintiéndose más aliviada—. Aunque no puedo ocultar que siento curiosidad por saberlo.

—En ese caso, si el último día de la terapia todavía te interesa saberlo me lo preguntas, y sin ningún problema te responderé. Ahora, como te he dicho, dejemos a un margen cualquier tipo de creencia que, si te das cuenta, de una misma fuente han habido miles de interpretaciones: desde una inquisición por parte de los cristianos o dejar morir a un hijo por no realizar una transfusión sanguínea por malinterpretar la sagrada escritura por parte de los testigos de Jehová... Yo, como te he dicho, no voy a entrar en temas religiosos, sino en el desarrollo personal de Jesús y en la conexión con su más pura esencia que le permitió liberarse de todo tipo de apegos e ídolos, y vivir con una paz indescriptible capaz de contagiar a cualquiera que se cruzase por su camino. ¿Entiendes lo que te estoy intentando transmitir?

—Eso creo.

—Te lo digo porque no puedes empezar esta terapia con prejuicios. O confías en mí, que soy el instrumento que te va a guiar en ese peculiar camino, o difícilmente podré ayudarte —dijo Naim—. Es más, como las decisiones se toman con tranquilidad, puedes consultarlo con la almohada y, si te interesa, preséntate mañana a primera hora; si no, siéntete muy libre para no volver.

—Te agradezco tu claridad y, sobre todo, la enorme sinceridad con la que hablas —remarcó Cristina.

—La educación no quita lo cortés. En la vida siempre hay que hablar con franqueza y con claridad, de esta forma no se crean malentendidos. Cuando te andas con rodeos es por una de dos: o porque buscas conseguir algo del otro o porque temes que a la otra persona le pueda sentar mal aquello que le quieres transmitir. Y como yo no busco nada de ti y creo en lo que te puedo ofrecer, jamás seré ambiguo. Si algo te ofende será por tu falta de humildad en aceptar lo que te pueda decir, no porque yo sea un maleducado o pretenda herirte.

En esta ocasión fue Naim el que se levantó, dando por concluida su primera toma de contacto con Cristina.

—Entonces, ¿nos vemos mañana a las nueve? —inquirió Cristina, levantándose y clavando sus ojos en aquellos ojos negros que manaban agua viva.

—Sí así lo deseas —asintió Naim—. ¡Ah! Olvidé decirte que si decides iniciar la terapia comenzaremos con una excursión de una semana a un sitio que... bueno... ya descubrirás en su momento. Simplemente deberás traerte una mochila de montaña con lo indispensable, saco de dormir inclusive.

—¿Cómo?

—Que vengas ligera de equipaje para irnos de excursión.

Naim la acompañó hasta la salida y, sin más explicaciones, se despidió con una sonrisa y un saludo:

—¡Hasta luego!

Cristina quedó petrificada enfrente de la puerta, con un montón de preguntas sin responder, pero no se atrevió a tocar de nuevo para aclarar sus dudas.

Descendió las escaleras y se dirigió pensativa hacia su casa, momento que aprovechó para telefonear a su amiga Marta e informarle de cada uno de los acontecimientos que le habían ocurrido a lo largo del día: desde su baja laboral hasta el encuentro que había tenido con Naim.

—...Mira que si resulta ser un loco pervertido y me secuestra o me viola o...

—Déjate de paranoias, si hubiese querido violarte lo habría hecho en su piso, sin necesidad de raptarte —tranquilizó Marta a su amiga, que empezaba a rayarse como de costumbre—. Sabes que mi intuición no me falla y te aseguro que ese hombre puede ayudarte muchísimo.

—Ya, pero ¿adónde me llevará?

—No lo sé, quizás te lleve a algún sitio paradisíaco y os tumbéis bajo la sombra de una palmera con una puesta de sol maravillosa como telón de fondo —ironizó Marta, antes de poner a Cristina en su lugar—. Mujer, ¿dónde vas a ir con una mochila de montaña y un saco de dormir? Pues a la montaña, bonita, como es evidente.

—¿Y qué diantre hago yo en la montaña, si a mí solo me gusta la playa? —replicó Cristina un tanto desencantada—. Imagínate, rodeada de bichos y sudando todo el día. ¡Y como tengamos que caminar me muero!

—Si prefieres seguir en tu mundo destructivo y caótico, no vayas, ¿qué quieres que te diga?

—Oye, no te pases.

—¿Acaso no te das cuenta de que estás inmersa en una situación tan deprimente que pareces un zombi viviente? ¿No eres capaz de apreciar por ti misma que haces algo en tu puñetera vida o te vas al otro barrio sin haber disfrutado siquiera de lo que es vivir dignamente? —expuso Marta con dureza y cansada de aguantar a una persona que se estaba autodestruyendo sin apenas darse cuenta.

Un largo silencio se mantuvo en la línea, hasta que Marta intervino de nuevo:

—Perdona si he sido un poco brusca, pero llevo mucho tiempo viéndote sufrir y creo que la única manera de darle un poco de chispa a tu vida es realizando esa terapia novedosa. No obstante, si te agobias o ves que la terapia no es efectiva, te coges la mochila, te vuelves y punto. ¿Acaso pierdes algo por intentarlo?

—No.

—¿Crees que te lo vas a pasar peor que quedándote en tu casa comiéndote el tarro, tirada en el sofá como un mueble y vegetando mientras ves la maldita televisión?

—Supongo que no.

—¿Piensas que vas a volver con un trauma imposible de superar y que vas a necesitar otro tratamiento psicológico para superar esa terapia?

Cristina no pudo ocultar una fugaz sonrisa, imperceptible al otro lado del aparato.

—Si te digo la verdad, casi prefiero arriesgarme... —las lágrimas empezaron a aflorar de unos ojos apagados y moribundos, corroídos por la tristeza y la desazón—. Lo estoy pasando fatal, ya no puedo más...

Marta suspiró, percibiendo en la voz de su amiga el dolor profundo que aquella muchacha llevaba impregnado en su corazón como un hierro oxidado sobre piedra del cual no se podía librar.

—En media hora acabo mi turno, ¿quieres que me acerque a tu casa y nos vayamos de compras?

—Te lo agradezco, pero no hace falta que te molestes —dijo entre sollozos Cristina.

—Ve preparándote, que en una hora estoy ahí, que tú no tienes ni idea de lo que se necesita para pasar una semana en la montaña.

—Eso es verdad.

—Vamos, como si no te conociera... Si te dejo sola en la tienda, eres capaz de salir mañana cargada con una mochila de cuarenta kilos y con tacones, cuando ya sabes que aquí en el hospital tenemos todas las habitaciones completas..., y no estoy dispuesta a hacer más horas extras contigo que no me las pagan —bromeó la enfermera, tan acostumbrada a levantar el ánimo de su amiga.

Tres cuartos de hora fue el tiempo que tardó Marta en presentarse bajo el portal de la casa de su amiga. Como faltaba poco tiempo para que cerrasen las tiendas, ni siquiera quiso subir al piso e incitó a Cristina a que bajase cuanto antes, no fuese que tuviese que irse de excursión con una maleta de ruedas y una manta.

Cristina no se demoró y descendió inmediatamente.

—Sube, cariño —gritó Marta desde el interior de su coche, ya en marcha y preparado para ir a Decatlón.

Llegaron a la tienda de deportes de Castellón en veinte minutos, yendo directas a la sección de montaña para comprar una mochila como las que llevan los peregrinos que quieren realizar el Camino de Santiago. A continuación se agenciaron de un saco de dormir ultraligero de seiscientos cincuenta gramos, con el fin de aligerar la carga de la mochila lo máximo posible. De ahí marcharon al stand donde se encontraban las botas de montaña, decidiéndose por unas Chirucas impermeables que le dejaban libre el tobillo. Finalmente, y dado que la tienda daba el aviso de cierre, tuvieron tiempo para comprar una cantimplora de un litro de capacidad.

—Al menos tienes lo fundamental —comentó Marta, mientras esperaban su turno en la caja de pago.

—¿Crees que tengo que llevar cubiertos o comeremos de restaurante todos los días?

—Hoy en día puedes encontrar restaurantes incluso debajo de las piedras; si Naim no te ha dicho nada al respecto, cíñete a coger lo imprescindible, tal y como te indicó.

Una vez de vuelta a casa y bajo el portal, Cristina agradeció a Marta el detalle de haberle ayudado a comprar aquello que posiblemente necesitaría. Era todo tan misterioso que no podía ocultar la euforia que recorría todo su cuerpo, fruto de la intriga y el factor sorpresa a la que estaba expuesta, no tan solo del lugar al que irían, sino de aquella apasionante terapia psicológica basada en la vida del personaje más famoso y emblemático de la historia.

Tras despedirse de Marta con un fraternal abrazo, y ya en el interior de su piso, Cristina acabó de preparar la mochila que, para su pesar, se le había quedado pequeña; aunque tuvo suficiente espacio para poner su secador, la plancha del pelo, tres pares de zapatos —por si salían a tomar algo alguna noche—, siete pantalones de tela —uno para cada día—, dos vestidos de noche —por si surgía alguna cena romántica—, diez camisetas estampadas —no fuese que sudase mucho y tuviese que cambiarse varias veces al día—, abundante ropa interior y, por supuesto, no podía olvidarse de su bolsa de aseo —compuesta por champú, gel, crema de manos, crema solar, cepillo de dientes, dentífrico, fijador, y multitud de potingues—, sin olvidar lo más importante para ella: un enorme kit de maquillaje envidia de cualquier mujer. En cuanto consiguió embutir todo y cerrar a duras penas la mochila —a su parecer diminuta por dentro y enorme por fuera—, decidió, con gran esfuerzo, probársela.

Al principio fue incapaz de levantarla y cargársela a la espalda. De hecho tuvo que ingeniarse un sinfín de piruetas para colocarla sobre la cama porque el peso podía con ella. Una vez recuperada del esfuerzo inicial, se agachó para meter los brazos por las correas de la mochila con el fin de impulsarse con las piernas semiflexionadas. Tras un arranque sobrehumano consiguió erguirse, pero, al dar un paso hacia delante, el peso de la mochila fue superior a su débil cuerpo y en un pestañear de ojos se encontró en el suelo mirando la lámpara.

La escena fue tan divertida que Cristina estalló a reír al verse en una situación tan embarazosa.

Se levantó y pensó que lo más prudente sería aligerar algo la mochila, dado que era imposible caminar con semejante monstruo; sin embargo, ahora se encontraba ante un paradigma de difícil resolución: ¿de qué podía deshacerse, cuando todo le resultaba imprescindible?

Tras realizar una revisión mental de aquello que llevaba y efectuar una de las disertaciones más importantes que había tenido que realizar en los últimos días, consiguió aligerar su mochila, según ella, de forma drástica: decidió quitarse dos pares de zapatos.

Satisfecha por la decisión tomada fue a prepararse la cena para coger energías de cara al día siguiente, consciente de que las iba a necesitar.

Dos huevos fritos con patatas y rociadas con ketchup conformaron su menú, aunque al final acabaría medio plato en la basura porque su estómago no admitía nada más.

La dejadez de Cristina se veía reflejada en el fregadero, que estaba lleno hasta los topes como consecuencia de la acumulación de cacharros. A pesar de todo se las arregló como buenamente pudo para encontrar un hueco en la encimera y dejar allí los cubiertos que había utilizado.

El olor que desprendía la basura acumulada a lo largo de un par de semanas, le llevó a tomar la firme decisión de bajarla, dado que si no lo hacía ahora, a su vuelta podría tener pequeños inquilinos de color marrón oscuro y largas patas correteando por su cocina.

Bajó la bolsa de la basura a rastras dejando un líquido aceitoso tras de sí, aunque ajeno a sus ojos, pues, en cuanto disipó al lado del contenedor a su vecina más odiada y que, para colmo, habitaba justo encima de ella, clavó su mirada desafiante en los ojos de su víctima que regresaba a su hogar tras haber cumplido la última labor de la noche.

—Maruja, precisamente quería hablar contigo—se interpuso Cristina en la trayectoria que seguía su vecina, para no darle opción a que la evitase como normalmente hacía sin ningún tipo de pudor.

—¿Qué pasa? —respondió la mujer, al ver la cara de enfado que llevaba Cristina.

—¿Cómo que qué pasa? A mí no me hables así —alzó la voz la periodista, molesta porque no le permitía echar la siesta como consecuencia de que a la misma hora que a ella le gustaba acostarse, a Maruja le gustaba tocar el piano que le regaló su marido, tres meses atrás, con motivo de su aniversario. «Lo que me faltaba, ahora se hace la longuis —pensó—, como si no supiese de qué le estoy hablando, y para mayor mofa se atreve a contestarme con soberbia y mala educación».

—¿Por qué me gritas? —inquirió la mujer desconcertada, sin saber por qué su vecina le hablaba con un tono tan despectivo.

—¿Por qué me gritas tú a mí? ¿Que no tienes bastante con armarla todas las tardes, que no hay quien duerma con los guateques que te montas? Un poco de respeto, ¿no crees?

—¿Pero tú de qué vas? —saltó Maruja, al sentirse atacada por una muchacha que parecía estar sufriendo un brote psicótico.

—Te lo advierto, a mí no me insultes, ¿te enteras?

—¿Tú estás loca o vas fumada? —increpó Maruja a su vecina, dando por zanjada una conversación de besugos que no tenía ni pies ni cabeza.

Con la prudencia y la madurez como aliados, Maruja optó por retomar a paso ligero el camino hacia su casa donde tenía a sus dos hijos, de uno y tres años, acostados. Mejor era abandonar una batalla perdida que seguir discutiendo con alguien que daba la impresión de no estar en su sano juicio, con un nivel de irritabilidad propio de una persona demente.

—¡Aquí la única loca eres tú! —vociferó Cristina, siguiendo los pasos de su vecina. ¿No te das cuenta de que debajo de ti hay una persona que necesita descansar?

—¡Déjame en paz!

—No me da la gana —repuso Cristina, adelantándose y cortando el paso de la mujer, que se vio gravemente amenazada—. Yo no tengo por qué aguantar la falta de respeto que tienes hacia los demás.

—¡Pero si en esta vecindad la única persona que falta el respeto a los demás eres tú! —repuso Maruja que, a pesar de ser una mujer sumamente pacífica y calmada, comenzaba a ponerse muy nerviosa.

Cristina alzó el dedo índice en señal de amenaza y, con un tono de voz más que elevado, comenzó a exponer lo que durante mucho tiempo ansió decirle.

—Ya no solo te mofas de los demás con el estruendo que causas con tu piano, además de que desentonas más que una gata en celo. Lo sensato sería irse al conservatorio de música a practicar, que es lo que hace todo el mundo —tras una profunda respiración, prosiguió—. Además, te aseguro que la próxima vez que me des la vara llamo a la policía y te denuncio por maltrato a menores —de repente Cristina cambió de tercio e introdujo el otro aspecto que tanto la irritaba y que hacía tiempo deseaba sacar a la luz—, porque no es normal que tengas llorando a los críos a todas horas.

—La que te va a denunciar por injurias e insolencias voy a ser yo, ¡majadera!

«¡Se habrá visto cosa igual! ¿Me está llamando loca? Ahora sí que se va a enterar la pardilla ésta», los pensamientos de Cristina marchaban más rápidos que su lengua, por lo que solo le dio tiempo a replicar una frase antes de que Maruja saliese disparada hacia su casa.

—¿Quieres música nocturna? Pues, tranquila, que vas a probar de tu propia medicina —gritaba Cristina, al ver que su víctima huía como un perro con el rabo entre las piernas.

«¿Qué se habrá creído esa pelandusca? —se preguntaba Cristina indignada, intentando asimilar y darle un poco de sentido a una discusión que parecía habérsele ido de las manos—. No me cabe en la cabeza que por exponerle de forma amable y amistosa un problema que afecta a mi descanso, se ponga como un toro de feria y, para más inri, me acabe gritando e insinuando que estoy loca. ¡Ahora sí que va a saber lo que es estar loca!».

Tenía tantos pensamientos acumulados en su mente y ansiosos por emerger a la luz, que casi pasaron desapercibidos los últimos tonos que estaba dando su móvil.

—Mamá, ¿qué tal?

—Bien, gracias. Como estoy aquí sola y un poco aburrida se me ha ocurrido llamarte. ¿Cómo está mi reina?

—¡Indignadísima!

—¿Qué ha pasado? —preguntó su madre preocupada.

—Un encontronazo con la vecina. Ya sabes, lo de siempre, que está siempre molestando a todo el personal con su piano y por exponerle con toda tranquilidad si podía tocar más bajito, se ha puesto como una energúmena y me ha dicho hasta del mal que tenía que morir.

—Ah, no, eso no lo puedes consentir. ¡Llama ahora mismo a la policía y denúnciala!

—Es que me tiene frita. Siempre está igual y no se da cuenta de que el mundo también gira para los demás.

—Claro.

—Me ha ofendido mucho que haya estado todo el tiempo dirigiéndome todo tipo de oprobios, cuando te prometo que yo no le he dicho una palabra más alta que la otra.

—Hoy en día no existe educación...

Al poco rato de concluir la conversación con su madre, recibió la llamada de Javi, su único hermano, cuatro años mayor que ella.

—Me ha dicho mamá que la has tenido con la vecina.

—Vaya si la he tenido —afirmó Cristina—. ¿Te puedes creer que ha intentado agredirme y me ha amenazado de muerte?

—¡Qué fuerte!

—Y solo por decirle que tocaba súper bien el piano, pero que me haría un favor si tocaba más bajito porque no me permitía echar la siesta, cuando sabes los graves problemas de insomnio que padezco —narraba Cristina con elocuencia—. Al final ha acabado insultándome y diciéndome todo tipo de agravios y estupideces propios de una mujer esquizofrénica... Te juro que jamás en mi vida había visto tanta agresividad por parte de una mujer... ¡Estaba como ida!

—¿Quieres que vaya para allá y la ponga en su sitio?

—No te preocupes, lo tengo todo bajo control —repuso—. Esta noche, cuando esa cretina haya cogido el sueño, me pondré a dar golpes con la cacerola a los marcos de la puerta para que sepa lo que significa no dormir.

—Bien hecho.

—Y de paso aprovecharé para hacerle una llamadita nocturna a mi jefe que hoy me la ha vuelto a jugar.

—¿Qué te ha hecho?

—Me ha tenido trabajando tres horas extra por tenerle a raya y no consentirle que me toquetee, como está acostumbrado a hacer con alguna que otra —expuso Cristina, pensando en su compañera Charo.

—Dame su teléfono que le voy a freír a llamadas —repuso su hermano, furibundo de ver sufrir a su hermana y percibir las injusticias que ciertos individuos cometían con los más débiles, especialmente con su hermana, algo que no podía consentir.

—Fíjate si la situación me supera que al salir del curro me he tenido que pasar por el médico y, mira cómo me habrá visto, que ha considerado oportuno darme la baja para un mes... Discúlpame un segundo, están llamando al timbre.

—A ver si es la loca de tu vecina.

—No —repuso Cristina, tras mirar por el ojo de buey de la puerta—. Es su marido.

—¡Madre mía, esto se está poniendo feo! —exclamó su hermano.

—¿Qué quieres? —gritó Cristina, temerosa de abrir la puerta.

—Hablar contigo.

El marido de Maruja era un tipo de casi dos metros con un cuerpo tan musculoso que las camisas parecían le fuesen a estallar; aunque si pavor daba mirar su esbeltez, mayor respeto daba la cara de pocos amigos que consigo llevaba.

—Ahora no puedo que estoy hablando por teléfono.

—En ese caso hablaremos mañana... A las ocho en punto estaré aquí —expuso su vecino con tono amenazante.

—Ya veremos —contestó con voz temblorosa y atemorizada ante los tintes negros que adquiría la situación.

—Lo dicho, a las ocho estaré aquí y no me iré hasta que te diga, cara a cara, lo que tengo que decirte.

—De acuerdo —respondió Cristina, no fuese que aquel armario le derribase la puerta de un puñetazo.

Su hermano, partícipe pasivo de la situación, escuchó todo con claridad, pasando a intervenir:

—Cristina, no te preocupes, mañana a las ocho estaré yo allí... ¿Qué se estará pensando ese mequetrefe?

—Eh..., Javi, ese mequetrefe es el doble que tú... Pero no tienes por qué preocuparte, a esa hora ya no estaré en el piso porque me voy una semana de excursión con un amigo.

—¿Ah, sí? ¿Y adónde os vais?

—No lo sé todavía, pero cuando vuelva te llamo y te cuento, pues todavía tengo que acabar de prepararme.

Cristina no quiso entrar en detalles y, tras despedirse de su hermano, optó por acostarse, no fuese que el día siguiese deparándole un cúmulo de problemas imposibles de soportar. Tenía la cabeza tan embotada que decidió tomarse una dosis doble de Tranquimacín con el fin de poder conciliar el sueño, lo que le llevó a desear fervorosamente que amaneciese lo antes posible para huir de aquel putrefacto lugar, fuente de quebradores continuos de cabeza. Si ya era sombrío de por sí, solo le faltaba un enfrentamiento directo con sus vecinos, quienes le habían trastocado sus planes: ahora tendría que salir una hora antes de lo previsto para no cruzarse con aquel gorila que seguro era capaz de cuadrarse en su puerta y quedarse allí clavado durante todo el día hasta conseguir su objetivo.

Cristina puso el despertador a las siete, tiempo suficiente para arreglarse, desayunar y llamar a un taxi que le ayudaría a transportar la mochila hasta la consulta del psicólogo. Una vez allí e intuyendo que Naim adoptaría el papel de caballero, solo tendría que emplear sus encantos femeninos para que este le propusiese intercambiar sus mochilas, dando por hecho que la de Naim sería mucho más menuda y que, sin lugar a dudas, no permitiría que una señorita llevase semejante muerto.

«Vaya cara se le va a quedar al gigante cuando empiece a tocar el timbre, nadie le abra y se quede toda la mañana vigilando mi puerta como un pasmarote», fue el último pensamiento de Cristina, antes de caer profundamente dormida.

3

Es la primera vez en mi vida que tengo que esperar a un hombre, ¡y todo por culpa de la endiablada Maruja! —pensó en voz alta Cristina, a quien la espera le estaba suponiendo un suplicio; sin embargo, no le quedaba más remedio que atender pacientemente a que se cumpliesen las nueve para subir y presentarse a Naim, ajeno a tan ardiente deseo y que en realidad ni siquiera sabía si finalmente tendría la oportunidad de poner en práctica su terapia.

La propagación de las ondas que emitieron los nueve toques de reloj del campanario de la iglesia se convirtieron en música celestial para Cristina, que no se demoró un segundo en subir ágilmente las escaleras y repetir la operación del día anterior.

—Lista —dijo Cristina, en cuanto Naim dejó ver su esbelta figura cubierta por una camiseta de color rojo, unos pantalones piratas grises y las Chirucas que compró el día anterior.

—Eh..., ¿y tu mochila?

—La he dejado abajo —dijo sonriente.

—En ese caso voy a por la mía y nos vamos —musitó Naim.

Los ojos de Cristina comenzaron a centellear en cuanto vio la mochila de Naim.

«¿Cómo es posible que pueda llevar una mochila de colegio para una semana? —se preguntó Cristina, sin dejar de sonreír entre dientes—. ¡Qué bien!».

Sobre la pared exterior de la fachada reposaba la mochila que el taxista consiguió depositar después de un gran esfuerzo, no sin antes añadir: «Usted debe de hacer halterofilia, porque esto pesa una tonelada». Comentario que iría acompañado de un recargo de cinco euros por la sesión de gimnasio que le había tocado realizar.

Naim, por el contrario, no se inmutó al ver semejante bulto, de tal modo que cuando Cristina le insinuó con una sonrisa lasciva y una mirada inocente si le podía ayudar a colocarse la mochila, este no tuvo reparo alguno en echarle una mano.

En cuanto Cristina sintió el peso sobre su espalda, la cara le cambió de color.

—Eres una mujer fuerte —sonrió Naim, ajeno a la indirecta lanzada por quien apenas podía respirar.

—No te creas..., seguro que me quedaba mucho mejor una mochilita como la tuya —expuso como pudo Cristina, recurriendo a la sutileza femenina para despertar la compasión de su compañero de viaje.

—De eso estoy convencido —asintió Naim, indicándole con el dedo la dirección hacia donde debían ponerse en marcha.

Apenas habían caminado cinco metros cuando el cuerpo de Cristina parecía tambalearse de un lado para otro.

—¿Tenemos que caminar mucho? —inquirió Cristina, sin ocultar el dolor que le estaba causando el desmesurado peso que sufrían sus hombros.

—Claro —volvió a asentir Naim, aunque en su respuesta no parecía mostrar ningún tipo de conmiseración hacia su paciente.

El orgullo femenino le llevó a la heroicidad de llegar hasta la estación de autobuses sin rechistar, entre otras cosas porque se encontraba a la vuelta de la esquina y porque no tuvo más remedio que suministrar el oxígeno para alcanzar su objetivo.

«Este hombre es un descortés y un machista. ¿No se da cuenta de que está ante una señorita que no puede cargar peso?», pensó Cristina, encolerizada por la falta de caballerosidad del israelí.

Subieron al autobús que les llevaría directos a Castellón, para luego hacer un trasbordo con destino Vistabella, un pueblo montañoso del interior de la provincia y muy conocido por ser el más cercano al pico de Peñagolosa.

Durante el viaje mantuvieron una actitud cordial, tratando temas triviales que hiciesen más llevadero un camino donde las curvas se hacían cada vez más ostentosas a medida que se iban acercando a su destino.

A Cristina le sorprendió el hecho de que, a lo largo de todo el trayecto, Naim no le hiciese ninguna pregunta sobre su vida. Se limitó a hablar del cambio de paisaje que iban experimentando con el transcurrir de los kilómetros, así como del peculiar encanto de los pueblos que atravesaban e iban dejando a su paso.

En una hora y media alcanzaron Vistabella, un pueblo bautizado así por la preciosa panorámica que ofrecía: una vista muy bella.

El autocar les dejó en la plaza de uno de los pueblos interiores más turísticos, especialmente conocido por sus montes, ya que albergaban una de las setas más codiciadas y sabrosas de la región: el robellón. Razón por la cual multitud de domingueros acudían todos los años a la búsqueda de tan suculento manjar, cuya temporada de recolecta se iniciaba en septiembre y solía cerrarse en noviembre, siempre y cuando las lluvias hubiesen sido generosas.

En primavera, el frío mostraba su lado más benevolente, estableciendo una tregua con el sol para que este brillase con fuerza sobre los pocos supervivientes que poblaban el lugar. Estampa que se completaba a través de un cielo decorado con broches blancos, mientras el cantar de los gorriones brindaba una alegre acogida gracias a las bellas melodías que rompían aquel silencio mágico cargado de bienestar.

—Cristina, en estos momentos comenzamos la terapia —informó Naim a su discípula, una vez descargaron sus mochilas y despidieron con sus miradas la reliquia que los había traído—. Espero y deseo que sea un tiempo fructífero para ti y saques el mayor provecho posible a una experiencia que puede suponer un punto de inflexión en tu vida. ¿Estás preparada?

—Eso creo —dijo dubitativa, al ver que Naim cargaba con su ligera mochila e invitaba a Cristina a que hiciese lo mismo con la suya.

—Estupendo —gesticuló con el puño cerrado y el dedo pulgar hacia arriba—. Comenzamos, pues, nuestra excursión hasta San Juan de Peñagolosa, donde he reservado una especie de cabaña con dos habitaciones.

—Pero ¿eso no está muy lejos para ir caminando? —insinuó Cristina, que se veía incapaz de caminar más de diez metros con aquella mochila que se había convertido en una endiablada pesadilla.

—Detrás de tu pregunta se esconde una problemática que nada tiene que ver con la distancia. Cuando no somos sinceros con nosotros mismos, es imposible que lo seamos con los demás. Tendemos a autoengañarnos y utilizamos el lenguaje como un mecanismo de defensa de algo que no queremos ver o pretendemos ocultar —explicó Naim con claridad—. Por tanto, durante este tiempo deberás permanecer muy atenta al lenguaje que utilizas, porque inconscientemente puede repercutir y afectar a tu estado físico, psíquico y espiritual. ¿Podrías ver, entonces, cuál es el verdadero problema que has intentado esconder o manipular desde que hemos salido de Benicasim y exponerlo con la máxima sinceridad posible?

—Está bien —dijo Cristina, satisfecha del aura de sinceridad que se estaba creando, aunque algo molesta por no encontrar ningún tipo de colaboración por parte de alguien que parecía mostrarse poco detallista y con falta de caballerosidad—. El problema está, como creo habrás podido comprobar, en que no puedo cargar con la mochila y esperaba que, viendo que no podía con ella, te ofrecerías para llevármela.

—En primer lugar, tú no tienes que esperar nada de nadie, porque eso solo te lleva a crear prejuicios sobre el otro. Si desde un inicio esperabas algo de mí, cualquiera que hubiese sido mi actuación, de no corresponderse con lo que tu querías o deseabas, iría acompañada de la decepción, y ello habría servido para justificar un juicio que, seguramente, habrás emitido contra mí por considerar que al ser hombre y aparentemente fuerte, justificaba el hecho de tener que cargar con tu mochila. Pero..., ni soy tu criado ni aun queriendo la podría llevar, pues estoy operado de una hernia discal y milagrosamente puedo caminar después de un grave accidente en el que casi pierdo la vida —la mirada de Cristina hacia Naim cambió súbitamente, llegando incluso a sentirse culpable por haber sido tan malpensada—. En segundo lugar, a pesar de ser muy explícito y darte una única consigna: venir ligera de equipaje —quiso recordar—, preferiste omitir mi indicación para luego justificarte viendo la mota en el ojo del otro y no la viga que llevas en el tuyo —utilizó Naim, por primera vez, una de las frases que decía Jesús en el Nuevo Testamento y que a partir de ahora iría desgranando cuidadosamente—. En tercer lugar, quiero que aprendas a darte cuenta por ti misma y de forma experimental de aquellos desórdenes que te catapultan y te impiden ser libre, pues la mochila no es más que la representación de tu estado mental en estos momentos. ¿Quieres emprender el camino de la vida libre de cargas? ¡Comienza aligerando tu mochila!

—¿Y dónde dejo todo aquello que me sobra?

—¡Regálalo! Seguro que alguna vecina del pueblo te lo agradecerá.

—¿Qué dices, si todo lo que llevo tiene un valor incalculable?

—De acuerdo, en ese caso tienes dos opciones: quedarte aquí esperando el autocar de vuelta o si cambias de opinión estaré en ese bar tomando un café —Naim se dirigió hacia el establecimiento ubicado a escasos treinta metros de donde permanecía Cristina, pero antes de entrar se giró y añadió—: ¡Ah!, en diez minutos yo me iré para allá... Decide lo que más te convenga —Y desapareció sin más explicaciones.

Cristina no podía creer lo que le estaba sucediendo. ¿Cómo iba a regalar todos sus mejores trajes, su secador, su plancha de pelo o aquellas cremas en las que se había dejado el sueldo, por no mencionar el kit de maquillaje de última generación? ¿Acaso aquel hombre no tenía constancia del valor económico y sentimental que cargaba en su mochila?

Ante semejante tesitura, la joven periodista quedó paralizada, intentando meditar su porvenir. Por un lado sentía, con más fuerza que nunca, que quería seguir a Naim, un hombre repleto de sabiduría y que, quizás, pudiese ayudarle a llenar el vacío tan grande y angustioso que sentía por dentro y el cual la estaba matando; por otro, le dolía el corazón solo de pensar en la cantidad de dinero que había invertido y del cual ahora debía desembarazarse.

«Piensa, Cristina, piensa —se decía paseando alrededor de su mochila—. Venga, aplica lo que has aprendido: ¿Qué es más importante, la libertad interior que me ofrece Naim o el dinero? Hasta ahora he vivido como una amargada y es evidente que no puedo seguir así. No tengo más remedio que cambiar mi estilo de vida si no quiero que mi existencia siga anclada en la tristeza» —se detuvo, cerró los ojos y exclamó en voz alta.

—¡Que se pudra el dinero!

A continuación, dado el escaso tiempo del que disponía, se apresuró en vaciar su mochila sobre un banco de piedra ubicado en un lateral. De este modo eligió lo imprescindible y aquello con lo que podría cargar: dos mudas completas, el saco de dormir y los utensilios mínimos para poder asearse, aparte de la cantimplora. El resto lo extendió en el improvisado mostrador, creando una especie de mercadillo benéfico, al que no tuvo ningún reparo en ir invitando a todas las mujeres que pasaban por la plaza.

Cuando Naim salió del bar observó cómo Cristina explicaba con sumo cariño para qué servía una de las cremas por la que una viejecita se estaba interesando, mientras una decena de mujeres revoloteaba a su alrededor.

La mirada cómplice entre Naim y Cristina sirvió para que ésta cogiese su mochila y se despidiese de las señoras:

—Sírvanse ustedes mismas.

Se acercó hasta la altura de Naim mostrando una mirada cargada de satisfacción y una sonrisa distendida, muy disímil a las expresadas hasta el momento.

—¿Cómo te sientes ahora? —preguntó.

—Ligera de equipaje —ironizó Cristina, satisfecha de la decisión tomada—. Te prometo que jamás me habría imaginado que me podría divertir tanto regalando aquello por lo que tanto aprecio tenía.

—En ese caso —dijo Naim, iniciando la marcha a un ritmo en el que su acompañante se sintiese cómoda—, puedo informarte de que acabas de superar tu primera tentación de las tres que te esperan en tu particular desierto, tal y como hizo Jesús en su día.

—Ese relato lo conozco, en el que Jesús estuvo cuarenta días en el desierto sin comer y sin beber..., pero no me lo creo. Un hombre no puede aguantar tantos días sin beber y menos en un sitio tan caluroso.

—La Biblia utiliza un lenguaje simbólico, especialmente en los números; por ello existen multitud de interpretaciones y religiones de un mismo libro, aunque ya sabes que ese no va a ser un problema para nosotros —explicó Naim, ya en los últimos recovecos del pueblo para enfilar el camino que les llevaría a su siguiente destino—. En ese particular texto podemos aprender cuan frágil es el hombre en un mundo envuelto por millones de trampas y falacias, tras las que siempre se esconden intereses económicos o ansias de poder; de ahí la respuesta que da Jesús a una de sus tentaciones: «No solo de pan vive el hombre», mostrando que el ser humano está compuesto de cuerpo y alma. El cuerpo necesita cubrir unas necesidades primarias que son indispensables para nuestra subsistencia: comer, beber, dormir y reproducirnos —enumeró con los dedos de su mano derecha—, pero que no llenan el vacío que el hombre siente por dentro. Sin embargo, el alma, nuestro espíritu, es el vehículo que empleamos para conectar con nuestra más pura esencia, con nuestro ser o, en el caso de los creyentes, con Dios. Solo en el silencio podremos ser capaces de realizar esa conexión, de ahí que te haya alejado de amigos y conocidos para que puedas estar contigo misma y aprendas a escuchar a tu yo más profundo, que es muy distinto al yo comercial y cultural que la sociedad de consumo se empeña en enseñarnos para alcanzar un yo ideal inexistente, basado en el culto al cuerpo y sus placeres. Así es como caemos inconscientemente en la trampa de representar a un personaje que intenta acercarnos a nuestro yo ideal, es decir, lo que nos gustaría ser y nunca seremos, para ocultar ese yo real, que nos impide ser nosotros mismos, además de degradar nuestra autoestima con multitud de miedos que nos paralizan y nos hunden en la miseria. Sin embargo, es en la autenticidad la que nos permite conectarnos con nuestro yo real y, por tanto, con nuestra esencia. El ser auténtico conlleva un precioso autoconocimiento de nuestras virtudes, que son muchas y hemos de valorar —quiso puntualizar—, así como de nuestros defectos, que también forman parte de nuestra persona y que hemos de asumir aunque no nos gusten, teniendo toda una vida por delante para intentar integrarlos, corregirlos o mejorarlos con el mismo cariño con el que meceríamos a un bebé.

El corazón de Cristina vibraba con fuerza mientras escuchaba las palabras de Naim, sintiéndose contrariada ante la idea de entrar en el silencio. Por un lado le agradaba la idea de poder conocerse a sí misma y descubrir ese personaje que inconscientemente había creado y que comenzaba a tener indicios de quién era; por otra parte, no sabía si sería capaz de enfrentarse al misterioso poder del silencio, que siempre había actuado en su contra, creándole sentimientos de culpabilidad e inferioridad.

—¿Cómo haré para no caer en la desesperación y controlar los sentimientos de culpa que constantemente invaden mi mente? —inquirió Cristina, mostrando abiertamente su temor.

—Una de las primeras enseñanzas que me gustaría transmitirte es que ese tipo de sentimientos provienen de nuestra conciencia, que te indica lo que está bien y lo que está mal. Si nuestra actuación perjudica de alguna manera al prójimo o al sistema de creencias que a raíz de nuestra cultura y educación hemos adoptado, entonces nuestra conciencia nos dará un toque de atención. Nace el problema cuando esa conciencia o alguna persona parecen recordarnos continuamente algún error cometido, de forma que se convierte en un sentimiento de culpa constante y nos llena de escrúpulos hacia nosotros mismos. Como hombres, la solución es bien sencilla: arrepentirnos y pedir perdón, sea al prójimo o a nosotros mismos. Una vez dado este paso, esa conducta errónea o, para los creyentes, pecado —puntualizó—, debería quedar enterrada y en el olvido; sin embargo, cuando esa acción vuelve a atacarnos, nos encontramos con una patología llamada culpa, dado que el perdón es el bálsamo del alma. Jesús, un perfecto conocedor de la psicología humana, viendo ese lastre nos enseñó a perdonar setenta veces siete y a no juzgar a los demás, para evitar, precisamente, los remordimientos y los sentimientos de culpa. Si Jesús, que era un ser perfecto, no condenaba y perdonaba a toda criatura, ¿por qué no podemos hacerlo nosotros? ¿Acaso el ser humano se siente mejor cuando no perdona o, por el contrario, es más feliz cuando su corazón está libre de cualquier rencor? —Cristina quedó pensativa ante la pregunta que le lanzó Naim. Si él supiese a cuántas personas detestaba y el rencor que tenía acumulado en su corazón, probablemente se avergonzaría de ella—. De hecho, la única manera de llegar a nuestra esencia es a través del perdón, de lo contrario va a ser imposible que tu corazón encuentre la paz, pero no la paz del mundo, sino la paz que ofrecía Jesús con sus enseñanzas y con su ejemplo, dado que no hay maestro sin práctica.

—Lo siento —interrumpió Cristina—, pero a mí me resulta imposible perdonar a las personas que me han herido. Es más, las repugno y les deseo el mismo sufrimiento que me han causado.

—Siempre se ha dicho ojo por ojo y diente por diente, pero Jesús nos decía que si alguien nos pegaba en la mejilla derecha pusiesemos la izquierda —expuso Naim—, porque la única manera de construir un mundo lleno de paz es combatiendo el mal con el bien, dado que si uno pone la leña y el otro pone el fuego, ya tenemos formada la hoguera.

Cristina caminaba con la cabeza alicaída, expresando con su cuerpo algo que realmente le superaba. Tras una pausa, añadió:

—Quizás esté muy bien lo que decía Jesús y sería lo idóneo para el mundo, pero es una utopía imposible de alcanzar. Jamás perdonaré a mi exnovio, ni a mi padre, ni a mi jefe, ni a mi vecina... —Una letanía infinita de nombres salió por la boca de una mujer cargada de rencor y resentimiento.

Naim se limitó a escuchar, pero antes de que Cristina comenzase a justificar las razones por las cuales odiaba a esas personas, intervino de nuevo:

—No temas, tu reacción es de lo más natural; simplemente permanece abierta a las enseñanzas que se te van a ofrecer y verás cómo tu mirada cambia de forma sorprendente.

—El coste que tengo que pagar para conseguir la paz tiene un precio demasiado caro, si ello supone perdonar a esa gentuza.

Naim, que todavía no quería abordar ese tema, cambió el esquema que tenía preparado para meter el dedo directamente en la llaga:

—¿Sabes por qué no puedes perdonar? —Cristina lanzó una mirada interrogativa a su interlocutor, que le llevó a recibir una rápida respuesta—. Porque tienes la concepción de que si albergas ese rencor en tu corazón y muestras esa desaprobación hacia aquellos que te han ofendido, piensas que les hieres y así te vengas de ellos, pero lamento decirte que estás muy equivocada. Cada una de esas personas que has mencionado siguen su vida con independencia de la tuya. Probablemente ni siquiera se acuerden de ti, porque no les importas, muy a tu pesar; sin embargo, mientras ellos forjan sus vidas y su futuro, tú permaneces anclada en el pasado, en el rencor, sin darte cuenta de que con tu actitud, la única persona que sale perdiendo eres tú misma. El rencor corroe por dentro, no por fuera; el odio enturbia tu mente, no la de ellos; el resentimiento merma tus energías, no las de ellos, ya que inviertes tu pensamiento en una acusación constante hacia aquellos que consideras han actuado de forma errónea contigo, lo cual es un arma de doble filo que se invierte hacia ti, causándote un constante desasosiego y el vivir constantemente entre tinieblas. En términos psicológicos podríamos decir que tienes sentimientos negativos, mientras que los creyentes creerían que es el mal espíritu o el demonio quien te está tentando. El objetivo es reconfigurar tu pensamiento y transformarlo en pensamiento positivo, mientras que para los cristianos sería acercarse a Dios.

—Después de escuchar tus palabras, confieso sentir la necesidad de perdonar, pero... por más que quisiera, te aseguro que no podría.

—Jesús ha sanado miles de corazones heridos. ¿Acaso crees que el tuyo es diferente al del resto de los mortales?

—Supongo que somos todos muy parecidos.

—Efectivamente, tenemos tendencias muy similares, aunque en muchas ocasiones los instintos carnales van por un lado y el espíritu por otro —expuso Naim—. Yo confío en el espíritu, que es el que me llena de gozo y paz el corazón, e intento no caer en la trampa de seguir a la carne, que es la que puede precipitarte al consumo de drogas o de alcohol, al juego, a la corrupción, al asesinato de aquellos que entorpecen tus apetencias o tu ideología, y hacia un sinfín de caminos aparentemente placenteros que acaban conduciéndote a la destrucción de tu propio cuerpo, de tu mente y de tu ser.

—Entonces, ¿qué se necesita?

Naim se detuvo, miró a Cristina con dulzura y prosiguió.

—Debes aprender a situarte en tu justo lugar como criatura del mundo y ser capaz de ver al resto de tus semejantes al igual que tú, ya que la baja autoestima nace únicamente cuando nos comparamos con los demás. Sin embargo, es vital ser consciente de que todos somos iguales, de que tan importante es un rey como un negrito del África tropical al que nadie conoce, porque ambos son seres humanos. La única diferencia es que uno ha conseguido vivir del cuento gracias al poder conseguido por sus antepasados, mientras el otro vive en el anonimato. Pero ¿acaso uno es más válido que el otro? ¿Quién es el juez del mundo que indica que uno vale y el otro no? ¿Acaso un futbolista es más importante que un barrendero? El uno tiene habilidad con el pie y el otro con sus manos, pero ¿por qué uno recibe la admiración de muchos y el otro no? La respuesta es clara: a alguien se le ocurrió fomentar el fútbol y convertirlo en un negocio; luego, con manipular las mentes a través de la prensa, es suficiente para no cuestionar ese sistema de valores que todo el mundo acepta de forma incondicional y parece estemos condicionados a seguir desde niños —Cristina entendía perfectamente lo que intentaba transmitirle Naim. Ella misma era testigo directo y árbitro de esa manipulación que en muchas ocasiones se convertía en algo incluso natural—. Afortunadamente —prosiguió Naim—, Jesús no entró en ese juego sucio que promulgaban los poderosos, sino que se sublevó contra el poder religioso y político colmado de injusticias, y no lo hizo con las armas ni con la búsqueda del poder como era habitual en su época, mas con el servicio hacia el resto de los hombres y predicando con el ejemplo. Cuando alguien intentaba ensalzarlo, él se humillaba lavando y besando los pies de sus discípulos, y cuando alguien como el rey Herodes se las daba de importante, él no tenía ningún problema en calificar a un rey al que todos temían como «rabosa», que en la época significaba «don nadie», porque no consideraba ético que un ser humano intentase enaltecerse por encima del resto y tratase a los seres humanos como escoria o como súbditos. Aquellos que la sociedad despreciaba, él los acogía con tanto amor que sus vidas se transformaban porque sentían la aceptación que necesitaban. Aquellos que el poder infravaloraba por no tener dinero, es decir, a los pobres, él los abrazaba y les animaba demostrándoles que podían ser felices sin tener una sola moneda en el bolsillo, pues él no tenía siquiera un lugar dónde reposar su cabeza. Aquellos que por alguna enfermedad eran excluidos, él los tocaba y los sanaba porque sentía compasión hacia ellos y quería romper con los estereotipos que la sociedad había creado contra los que consideraban impuros. ¡Bastante sufrimiento tenían sus vidas para que otros estuviesen constantemente recordándoselo con su desprecio! Y ya no digamos la transformación que consiguió en el mundo de la mujer, quienes en aquella época estaban sumamente discriminadas. Jesús se enfrentó a aquella sociedad machista tratando a la mujer con el respeto y la dignidad que merece cualquier ser humano, rompiendo las barreras que los varones habían impuesto por su dominio físico, donde el fuerte dominaba al débil. En definitiva, Jesús nos enseñó a situarnos en nuestro justo lugar y a valorarnos de tal forma que jamás pudiesemos sentirnos inferiores o superiores a nadie. Intentó romper un mundo vertical donde el ser humano ha establecido una serie de categorías y clases sociales dentro de su propia especie, con el fin de transformarlo en un mundo horizontal, donde la fraternidad y la igualdad son las claves para que reine la paz. ¿Te imaginas un mundo en el que nadie se cree más que nadie y donde el que quiere ser el primero se pone el último a servir al resto?

—Apenas conozco a Jesús, pero me parece una persona fascinante —intervino Cristina—. Lo cierto es que tenía una concepción sobre él muy distinta, ya que la Iglesia...

—La verdad es que no me gustaría entrar en debates teológicos —interrumpió Naim a Cristina, quien intuía hacia donde podía girar la conversación y no quería desvirtuar su coloquio—. Simplemente debes saber que la Iglesia, incluso para los propios creyentes —puntualizó—, puede convertirse en un ataúd cuando una tendencia cristiana intenta trasmitir a un Dios justiciero, al que hemos de temer y hacer penitencia si queremos ser perdonados; también puede verse dañada su imagen cuando un hombre actúa de forma errónea en nombre de la Iglesia, afectando de esa forma a su conjunto. Y es una maldición cuando nos acogemos literalmente a pasajes que se extrapolan de la Biblia con el fin de manipularlos para el propio interés —reanudando de nuevo la marcha, prosiguió—. La Iglesia que nos dejó Jesús nada tiene que ver con esos ejemplos, por ello me parece ilícito el ataque que los poderes públicos ejercen sobre la misma, cuyo objetivo se basa en la erradicación de cualquier ideología que pueda tambalear sus cómodos cimientos, dado que la doctrina de Cristo no se casa con ningún poder político ni religioso que manipule a los seres humanos o los esclavice privándoles de su libertad, como ocurre, por ejemplo, con la clase política actual, que abusan del trabajador y lo explotan para beneficio propio. A este colectivo no les conviene que las ideas pacificadoras e igualitarias de un revolucionario como Jesús prosperen en la sociedad; por lo tanto, el cristianismo se convierte en una amenaza a la que hay que exterminar. Por esta razón no quiero iniciar una discusión que no nos lleva a ningún lado, teniendo en cuenta que la Iglesia está formada por millones de personas y en ella podemos encontrar ejemplos de verdadera humanidad, como es el caso de los misioneros; aunque, por otro lado, también podemos encontrar a fanáticos e hipócritas que se limitan a cumplir la ley de forma radical, que viven amargados y obsesionados en cumplir una serie de normas sin tener en cuenta al prójimo, haciendo la vida imposible a aquellos que les rodean y convirtiéndose en pesadas cargas que nada tiene que ver con el verdadero seguimiento a Cristo, que es entrega, servicio y libertad, no-egocentrismo. En conclusión, lo único que te diría al respecto es que juzgues con tus propios ojos a través del ejemplo y no te dejes embaucar por la charlatanería barata de aquellos que intentan tergiversar nuestras mentes.

Una vez Naim expuso su coloquio decidió postergar sus enseñanzas para que Cristina pudiese digerir los nuevos conocimientos, de manera que la conversación adoptó un toque más distendido y trivial. El israelí explicó a Cristina que su madre era de origen español y que por ello era bilingüe, dado que ésta tuvo la paciencia de hablarle en su lengua nativa desde su concepción. Respecto a su padre, este tenía un comercio en Nazaret y fue allí donde conoció a su madre, que pasó de comprar unos obsequios a quedarse con el dependiente.

En un par de horas, y con una distendida conversación, los dos caminantes alcanzaron su objetivo. El paraje de San Juan de Peñagolosa mostraba sus mejores galas, vestido con un verde color esmeralda que refulgía la magnificencia del lugar, donde el silencio y la calma eran envueltos por el trinar de los pájaros, capaces de trasmitír el frescor del ambiente con el revolotear de sus alas y la alegría a través de su cantar.

Sin aminorar la marcha se adentraron en la aldea y atravesaron un parking en el que apenas se encontraban un par de coches aparcados. Al fondo divisaron un gran edificio, cuya entrada principal daba a un patio abierto con dos laterales: a la derecha se hallaba la puerta que daba a la ermita donde se veneraba a San Juan Bautista, mientras que en el lado izquierdo estaba la hospedería y el bar-restaurante. De forma fugaz visitaron el lugar santo y, seguidamente, fueron a tomarse un refresco al bar, único punto de avituallamiento. En su interior se encontraban varios montañeros conversando afanosamente en una mesa de madera de pino para cuatro.

Tras el merecido descanso salieron a rellenar sus cantimploras en la fuente de piedra que se construyó frente a la única y privilegiada línea de casas que poblaban el lugar, aunque todas ellas permanecían cerradas, mostrando sobre sus fachadas el imperdonable transcurrir de los años y la austeridad invernal propia de los lugares ubicados a gran altitud.

La sorpresa que se llevó Cristina fue de órdagos tomar al ver cómo Naim se detenía en la última casa del pueblo que hacía de esquinera. Observó cómo este hurgaba en su bolsillo y extraía del mismo una llave.

«Espero no se le ocurra abrir este antro», pensó Cristina, dado que en realidad esperaba una confortable cabaña de madera, pero no una casa vieja y destartalada que con solo mirarla se le revolvía el estómago.

—¡Hogar, dulce hogar! —exclamó Naim, al introducir la llave en la puerta y abrirla tras un ligero forcejeo con la cerradura, algo humedecida y oxidada.

Cristina se limitó a mostrar una mueca forzosa, que acabaría de desaparecer en cuanto puso los pies en el interior de una casa que daba la impresión de ser fantasmagórica y tétrica por sus cuatro costados: las telarañas se dejaban vislumbrar por las esquinas y el suelo era tan tortuoso que parecía un campo de minas.

«Pero ¿este hombre pretende que duerma aquí? —se preguntó, mientras seguía la indicación que le hacía Naim y que le conducía a su nueva habitación—. Yo no puedo cerrar los ojos en estas cuatro paredes corroídas y dejarme engullir por una cama de muelles cubierta por un colchón de espuma de la época de Matusalén y que, encima, tiene que estar atestado de chinches».

Un fuerte ruido proveniente de la habitación contigua donde se encontraba Naim, seguido de grandes carcajadas, alertó a Cristina, que se presentó inmediatamente en la misma.

—Anda, échame una mano —indicó Naim, en cuanto vio la figura de Cristina.

La situación era totalmente surrealista y, a su vez, cómica. Naim permanecía tumbado sobre la cama en una postura poco convencional en la que su cuerpo dibujaba una uve: la cama le había absorbido de tal forma que sus nalgas se habían hundido hasta rozar el suelo y las rodillas casi tocaban su cabeza.

Cristina estalló a reír y fue a su rescate.

—Pero, chico, ¿es que tienes complejo de acordeón? —bromeó.

—No sabía que en España teníais camas carnívoras —repuso Naim, una vez reincorporado.

—¿Qué te parece si nos vamos al camping o a la hospedería? —inquirió Cristina, aprovechando la coyuntura.

Naim echó una rápida mirada a la casa y viendo su estado, añadió:

—Esta casa es perfecta.

—¿Bromeas?

Naim miró a Cristina frunciendo el cejo.

—Tenemos todo lo que necesitamos, ¿por qué íbamos a ir a otro lugar?

—Porque está sucia y las camas son carnívoras —insinuó con una vocecilla cargada de ironía e insatisfacción.

—Si está sucia, la limpiaremos, no hay problema y... respecto a las camas, no creo que tengamos ningún problema en conseguir prestados dos colchones de la hospedería y dejarlos sobre el suelo.

Cristina resopló con fuerza, no muy conforme con la decisión.

—Mira, yo prefiero ir a la hospedería y no pasar un mal rato en este putrefacto lugar.

—Seguramente sería lo más agradable —replicó Naim—, pero esta semana quiero que salgas de tus comodidades y te enfrentes a la austeridad.

—Supongo que es parte de la terapia, ¿verdad? —expuso Cristina, recurriendo de nuevo a la ironía como arma femenina de gran calibre que había desarrollado y forjado desde su más temprana adolescencia.

—Cristina, ¿qué quieres que te diga? Si te lo explicase no lo entenderías, pero no te preocupes que a su debido tiempo lo comprenderás.

Sin demorarse en más explicaciones, Naim entró en la cocina, adyacente al comedor, y abrió un armario donde se encontraban los productos de limpieza. Sacó una escoba y un recogedor, y, ante el asombro de Cristina, empezó a barrer y quitar los bordados de geometría perfecta que los arácnidos habían tejido con suma maestría en cada uno de los rincones de la casa.

Cristina movía la cabeza de un lado para otro, sin saber qué hacer o qué decir; pero viendo que Naim se afanaba en dejar la casa en las mejores condiciones posibles, Cristina decidió, tras unos segundos de deliberación, coger un trapo y quitar el polvo de las ventanas, que al abrirlas y dejar que penetrase la luz en las estancias, la casa tomó un aspecto distinto, más acogedor y no tan tremebundo como había juzgado en primera instancia.

Tras finalizar la limpieza, que resultó ser más sencilla de lo que aparentaba porque el aspecto rústico de la casa se confundía con la suciedad, fueron a la hospedería en busca de los colchones.

La señora que les atendió tenía un hablar cerrado, pero amable. Sus mejillas sonrojadas indicaban que era de la zona, y su pelo peliblanco carente de cualquier tipo de tinte le daba un tono natural y simpático. Al escuchar que pretendían hacer gasto de su restaurante durante toda la semana, no tuvo inconveniente en prestarle los colchones que necesitaban.

En cuanto realizaron el cambio de colchones, Naim sacó de su mochila una libreta y un bolígrafo azul e invitó a Cristina a salir fuera para sentarse bajo la sombra de un árbol.

—Me gustaría explicarte el programa que vas a realizar esta semana. Éstos serán tus instrumentos de trabajo —dijo Naim, entregándole la libreta y el bolígrafo—. En ella apuntarás todo aquello que te resulta interesante: tus pensamientos, tus sentimientos y aquellas enseñanzas que te llamen la atención.

—Como un diario —intervino Cristina.

—¡Exactamente! —repuso el psicólogo, asintiendo con la cabeza—. En ella es importante que apuntes tus mociones, tanto las positivas como las negativas. No te creas que el estado natural del ser humano es la paz y que los pensamientos negativos no deben o no pueden aparecer en tu mente —«No, tranquilo, si están presentes todo el día», pensaba Cristina para sí—. Nuestro cuerpo es como una gran fortaleza, pero como bien sabes ninguna es infranqueable. En ella encontramos puntos débiles por donde se nos puede atacar. Tu misión será identificar a través de las mociones negativas que te aparezcan, cuáles son esos puntos débiles por donde perdemos energía inútilmente, y nombrarlos. De manera que una vez detectados podremos trabajarlos adecuadamente. Al principio te sentirás turbada y con la sensación de estar contemplando las aguas tormentosas de un río embarrado, por lo que puede que te resulte difícil descubrirlos; pero a medida que entres en la magia del silencio, las aguas turbulentas se irán apaciguando y aposentando, de forma que serás capaz de ver el fondo a través del agua cristalina. Ahí será cuando puedas contemplar tu yo real, tus virtudes y tus defectos, y serás capaz de ver con tus propios ojos cuál era la causa que producía que el agua estuviese embarrada; o sea, descubrirás las máscaras que has utilizado a lo largo de tu vida, y desearás deshacerte de ellas para convertirte en una persona auténtica y absolutamente libre. Todo ello lo conseguiremos a través de la contemplación de la vida de Jesús —Naim sacó de su bolsillo un pequeño libro, el Nuevo Testamento, que entregó a Cristina—. Esa contemplación la realizarás de forma que tú misma te sientas parte de las escenas que vamos a trabajar, es decir, como si presente te hallases. Échale imaginación y habla con Jesús, ponte en el lugar de los personajes: qué les dice Jesús, cómo reaccionan, qué sienten. Verás cómo de forma absolutamente increíble esos pasajes te hablarán sobre tu vida, y todo a su debido tiempo y sin ningún tipo de esfuerzo o voluntarismo —quiso matizar.

—Pero... ¿cómo van a hablarme unos pasajes de uno de los libros más antiguos de la historia? —indagó Cristina, no muy convencida del plan que le estaba ofreciendo Naim y dejando entrever su incredulidad.

—Al contemplar la vida de Jesús, irás conociéndolo y descubriendo una forma de vivir y actuar tan distinta a la que el mundo te ofrece, que quedarás impregnada de la más pura esencia de la vida —expuso Naim—. Jesús nos da las claves para vivir libres de todo tipo de ataduras, rompiendo y destronando a cada uno de nuestros ídolos y mostrándonos el verdadero camino de la verdad y la vida.

—Desde que te conozco hablas mucho de la libertad que te ofrece Jesús, pero yo veo que la Iglesia, su legado —quiso Cristina remarcar el término—, no te ofrece libertad alguna, sino todo lo contrario, pues transmite temor a través de un Dios justiciero y cargan a los hombres con ataduras y leyes. Creen que todo lo que causa placer es pecado y si no cumples todos los preceptos que te ordenan, te amenazan diciendo que vas a ir al infierno. Además, te obligan a ir a misa todos los domingos, que, por cierto, es aburridísima —añadió Cristina, recordando las eucaristías a las que asistió cuando tomó la primera comunión—. Si se supone que los cristianos conmemoran la resurrección de Jesús y que es un día de fiesta y de alegría, ¿por qué están todos tan serios, que da la sensación de estar en un funeral? ¡Los cristianos son unos amargados! —exclamó con convicción, cada vez más segura de sí misma a medida que desarrollaba su discurso—. ¿Cómo pueden ser tan ingenuos y pensar que existe Dios? Si así fuera, no habría catástrofes, ni maldad, y no estaríamos rodeados de injusticias. ¡Es algo tan lógico que no me entra en la cabeza que la gente se pueda creer toda esa patraña!

Naim escuchaba con atención las palabras de una mujer cargada de resentimiento hacia todo aquello que estuviese relacionado con Dios y la Iglesia, aunque consciente de que sus palabras representaban el pensar de muchos hombres.

—Respeto tu ideología y estás en tu derecho de pensar así, dado que el pensamiento es libre, como las ideas —Naim utilizó un tono más serio de lo habitual. Su rostro mostraba la ineficacia que supondría el iniciar una terapia cargada de estereotipos y prejuicios, si antes no era capaz de exponer con claridad la disociación entre Jesús y el concepto que había forjado la mente de Cristina sobre Dios y la Iglesia, tan radical como aquellos fundamentalistas religiosos con los que intuía se habría encontrado a lo largo de su vida y, probablemente, causantes de ese pensamiento extremista—. Ya te expliqué en su momento que yo no quería entrar en temas religiosos o teológicos, pero simplemente me gustaría comentarte que los conceptos que has creado acerca de la religión están cargados de subjetividad. Según tus vivencias y la educación que has recibido has configurado tu propia ideología. Por tanto, si quieres que la terapia sea efectiva deberás confiar en mí, sin abandonar tu propio juicio, por supuesto, pero debes dejar a un lado todos tus prejuicios y no dejarte contaminar por tu sistema de creencias. Es como si te regalo un viaje a las islas griegas y me dices que no lo aceptas porque en una ocasión fuiste, te mareaste y te pusiste enferma. Es impropio emitir un juicio previo hacia un futuro que todavía no has vivido y será, lo quieras o no, nuevo para ti, independientemente de que hayas podido tener una mala experiencia pasada o porque alguien te haya dicho que los griegos son unos maleducados y consiguiese convencerte de que si vuelves lo volverías a pasar mal —explicó el psicólogo con el primer ejemplo que se le ocurrió—. Para comenzar esta terapia necesitas adoptar el papel de una niña que por primera vez va al colegio cargada de ilusión por aprender, sin contaminación alguna del pasado y libre de todo tipo de interferencias que le facilitarán la adquisición de nuevos conocimientos, los cuales juzgará como válidos o inválidos desde su propio yo, porque su cerebro permanece virgen ante la entrada de nuevos conocimientos y libre de prejuicios —tras una breve pausa, continuó—. La terapia te va a permitir cuestionar tu sistema de valores y, a partir de la vida de Jesús, descubrirás por ti misma la verdad, que es la que te da la vida, porque nuestra mente enferma cuando transfiguramos la realidad, y nuestro yo, nuestra esencia, se rebela ante la mentira, mientras que nuestro espíritu se asfixia y sucumbe ante la falta de libertad. ¿Entiendes?

—O sea, que voy a recorrer un camino que va a redimirme de mis creencias para descubrir por mí misma la verdad, que es la que me permitirá sanar mi mente y liberar mi espíritu —resumió Cristina con sus propias palabras.

—Veo que nos vamos entendiendo.

4

Día 1

Comienzo este diario para dejar constancia en mi vida de una experiencia que intuyo será muy especial, con el aliciente de estar ante un hombre cuya bondad es infinita y despierta en mí algo que va más allá de una mera amistad. Confieso que tengo miedo de volverme a enamorar, aunque, para bien o para mal, de momento no observo interés alguno por su parte; sin embargo, muestra un sentimiento muy puro y una enorme pasión hacia Jesús de Nazaret, a quien, por cierto, estoy deseosa de conocerle mejor, a pesar de encontrarme muy turbada y agitada.

Para comenzar me planteó dos preguntas que a lo largo de la tarde, ante la quietud del paisaje que nos rodea, he podido responder: ¿qué buscas en este mes? Y si pudiese pedirle algo a Jesús, ¿qué querría que hiciese por mí?

Respecto a la primera pregunta, como mi vida sigue un camino turbulento en el que no encuentro paz ni armonía interior, sino que voy muy perdida por los senderos de la vida, busco encontrar el mayor tesoro de la humanidad: paz y libertad interior, además de una transformación completa donde pueda aprender a perdonar, a frenar mi impulsividad y sanar todas esas neuras que me atosigan de tal forma que no me dejan respirar.

La segunda pregunta me ha resultado más difícil de contestar, probablemente porque todavía no me acabo de creer que la figura de Jesús pueda hacer algo por mí. Pero Naim me ha explicado que, cuando le contemple, hable con él, como si realmente me estuviese escuchando, y, si tengo un mínimo de fe, tal vez me conceda aquello que realmente necesito. Así que me gustaría que Jesús me colmase de paz, que le diese sentido a mi vida y transformase mi corazón, para que desaparezca todo el resentimiento que tengo hacia todos los hombres que me han herido, principalmente mi exnovio, porque es un sentimiento que no me deja vivir. Ojalá pueda mostrarme el camino de la verdad y la vida del que tanto habla Naim, y que pueda sentir y gustar de las cosas internamente, como decía San Ignacio de Loyola.

De entre los textos que he leído en el día de hoy, me quedo con una frase de Jesús: «Quien quiera seguirme, niéguese a sí, cargue con su cruz y sígame». Una frase que me dice lo que anteriormente intentó explicarme Naim: a dejar a un lado todo lo que tengo y he adquirido, sin olvidar lo que soy, para redescubrir mi yo más profundo a través del seguimiento de la vida de Jesús.

Naim es un pozo de sabiduría que despierta mi admiración cada vez que le escucho. Una de las cosas que más me gusta de él es la claridad y sinceridad con la que me habla. Quiere que entienda que el hombre es una criatura y que simplemente somos chispitas en la creación, por ello no podemos pretender ser el centro del mundo, pero sí vivir en constante acción de gracias. ¡Qué bello es saber que cada día te puede deparar una gran sorpresa! Jamás me lo había planteado así, dado que para mí cada día se regía por la rutina, donde todo era igual. ¡Pero ahora sé que no es así! Cada amanecer es distinto si nuestros ojos están preparados para verlo así. Son tantas las variantes que te pueden suceder, que no podrían existir dos días iguales, por lo que la esperanza aflora en mí como las flores en primavera, liberando una fragancia revitalizadora que me abre al cambio, ya que en cualquier momento puedo conocer al amor de mi vida o encontrar un trabajo que realmente me satisfaga, y no uno en el que estoy constantemente narrando mentiras.

Naim dice que la vida es un don, un regalo, un misterio para todos los hombres cuyo origen, el nacimiento, y cuyo destino, la muerte, no tienen distinción sobre ningún hombre, lo que prueba que la vida no entiende de rangos, ni de clases sociales; sino que el hombre, con su afán de poder y gloria, ha sido el que ha creado un mundo tan desigual y contrario a las leyes de la naturaleza, razón por la cual existen tantas guerras e injusticias.

Al reconocer el don de la vida, nuestra existencia se convierte en servicio, en cauce de misericordia para las criaturas que nos rodean. Y eso es fantástico, porque ahora entiendo que nuestra vida tiene que convertirse en un regalo para el resto de personas, no en una carga, como diría Naim, para crecer en libertad y compasión. ¿Acaso la vida no es maravillosa cuando sentimos el amor de los demás? Sin embargo, cuando miro atrás, me doy cuenta de que no he hecho nada por los demás, porque me he acomodado en la representación del papel de víctima. Yo misma he ido poniéndome pesadas cargas sobre mi propio cuerpo, acusando de mi desdicha a la vida o, en alguna que otra ocasión, a ese Dios del que habla Jesús y en el que no creo. De manera que soy yo quien toma y deja, pero a nadie tengo que culpabilizar de mi desdicha.

Ya al caer la noche, momento que aprovecho para tomar nota de todo lo que estoy viviendo, me pregunto qué es la vida y cuál es el fin al que estoy llamada, lo que me lleva a la conclusión de que casi todo es mundano: orgullo, al creernos seres superiores o con una identidad intocable; rencor, hacia aquellos que no han actuado como a nosotros nos hubiese gustado, hiriendo nuestros sentimientos en la mayoría de los casos de forma totalmente inconsciente; prestigio, dulce caramelo que nos lleva a desear mostrar nuestra valía en nuestro trabajo o en nuestro ámbito social; egoísmo, cargado de amor propio y retroalimentado por el deseo insaciable de adquirir multitud de bienes y placeres que potencien y mimen a nuestro yo, cuando en realidad no es más que una rueda viciosa en la que subes y ya no puedes bajar porque nada te satisface.

Me atormenta la idea de pensar en el sentido de la vida, cuando sabemos que a la vuelta de la esquina nos atiende la muerte. ¿Acaso es cierto que Dios existe y que poseemos un alma inmortal?

Día 2

Hoy he descubierto un rincón muy especial: una roca sobre la que me he sentado para contemplar la hermosura y el poderío que se hallaba bajo mis pies, donde multitud de montañas se perdían por el horizonte construyendo una serpiente zigzagueante de piel verde y tupida, capaz de hipnotizar la mirada como una puesta de sol.

Allí meditaba la mirada de Jesús, limpia y transparente como el agua cristalina de un manantial, pero muy distinta a la realidad que plasman mis ojos, por lo que me ha llevado a plantearme una pregunta: ¿cómo es posible ver un mundo con tanta bondad? Así he llegado a la conclusión de que la vida de una persona puede transformarse si es capaz de cambiar su mirada.

El mundo es como es, las personas somos como somos, pero nuestra mirada es la veleta que marca nuestro horizonte:

bien adoptamos una mirada limpia y agradecida como la de Jesús o quedamos abatidos y atormentados ante nuestra propia mirada, tan fría y apagada como el fondo del mar.

Naim me ha explicado una frase que decía Jesús con asiduidad: «Tu fe te ha salvado, vete en paz». Es una frase liberadora, ya que nos invita a olvidar nuestros errores, nuestras culpas, y todas nuestras miserias, que, no olvidemos, todos tenemos y a veces dejamos que nos atormenten.

La culpa actúa como una cadena de acero que arrastra con fuerza los desechos humanos, que, cuanto más tiempo los dejamos rebosar en nuestro interior, más huelen. Por ello insiste Naim en que entierre toda esa basura, porque pertenece al pasado y solo existe en mi mente. Es un morir al hombre viejo para permitir que nazca el nuevo, de forma que podamos expresar nuestros dones y siempre de forma agradecida, ya que la persona que no es capaz de reconocer sus capacidades se pasa la vida envidiando a los demás.

Por la tarde, después de merendar, me he dado un largo paseo, pero confieso haberme sentido muy turbada.

Me da miedo acabar el mes y seguir actuando igual que siempre, y ello me agita e incomoda. Veo que la paz es un tesoro del cual el hombre ha prescindido, afanándose en otros tesoros llenos de apariencia y falsedad. ¡Daría todo lo que tengo por vivir unos minutos en paz! No en la paz que nos ofrece el mundo, sino en esa paz que nos brinda Jesús y que a mí me resulta imposible de alcanzar. ¿Acaso será una utopía o es que soy tan miserable que es literalmente imposible que pueda saborearla?

Día 3

Parece que mi estado anímico ha contagiado incluso al tiempo, pues amaneció gris, aunque se ha ido despejando a lo largo del día, igual que mi mente y mi espíritu.

Me ha sorprendido gratamente el tema que hoy nos concernía: el pecado. Me resulta curioso su significado, que es lo que se aparta de lo recto y justo; sin embargo, Naim lo atribuye a un desenfoque, a una realidad descolocada que aflora con fuerza cuando actuamos de forma engreída. Dice que el pecado nos llena de delirios y ensoñaciones, y que siempre lo sufren las criaturas más indefensas; también afirma que no se descubre por la introspección. De hecho me ha dado un tiempo para intentar racionalizar el pecado, con lo cual he acabado mirándome a mí misma y encontrándome con la misma mierda de siempre, las mismas debilidades, sintiéndome avergonzada y muy confundida. Luego me ha explicado que el pecado solo se descubre con la mirada sanadora de Jesús: una mirada sin reproche y la única que nos puede iluminar.

Tras contemplar los textos que me ha recomendado, me doy cuenta de que todos deberíamos actuar como Jesús, porque no tiene en cuenta los pecados de nadie. Es como si me perdonase una y otra vez, dándome una nueva oportunidad tras cada amanecer, de modo que pueda descubrir todo el potencial que mana en mí y utilizarlo de forma sapiencial; sin embargo, me parece todo muy complejo. Soy consciente de que las cosas que hago no me llenan y muy pocas me dan satisfacción personal. Es una sensación extraña: ¡como si estuviese deambulando en el interior de una pirámide sin encontrar la salida!

Al menos sé de forma experimental que luchar por las cosas banales y mundanas, o incluso por el prestigio, son una absoluta pérdida de tiempo y de energía; al fin y al cabo no son más que sanguijuelas que te absorben la vida sin que apenas te des cuenta.

Jesús, por el contrario, nos invita a ser humildes y mansos de corazón, es decir, a no buscar el orgullo o el prestigio, que eso no es más que una comparación con el otro, sino a tener una mirada limpia y compasiva, y a no juzgar o depender de la aprobación de los demás.

Me resulta conmovedor el mero hecho de ver cómo Jesús hacía caso omiso a las alabanzas o a las críticas, simplemente se dedicaba a ser él mismo, con independencia de los juicios que pudiesen emitir sobre él. Era un ser muy auténtico, capaz de vivir alejado del mayor depredador de la felicidad: el miedo. ¿Por qué temer si nuestra esencia, nuestro ser, es inquebrantable y nada ni nadie lo puede dañar ni herir, cuando solo nuestro ego es el culpable de la desdicha? Como dice Naim: «Deshazte del ego y en su lugar brotarán la paz y la armonía».

A pesar de sentirme como una torpe aprendiz, comienzo a experimentar un cierto progreso. Soy capaz de percibir los momentos en los que quedo atrapada en la desolación y activar automáticamente el sistema de alerta, que me indica que debo desechar de mi mente todos los pensamientos negativos, porque no hay nada peor que caer en la autocompasión. Por ello agradezco a Naim que me haya explicado las causas por las que entramos en desolación y nos conducen al sinsentido. Una de las razones es por ser tibios y perezosos, de forma que tendemos a engañarnos diciéndonos: «Total, ¿para qué lo voy a hacer?». Justificación que nos conduce a la insatisfacción y al derrotismo, dado que tras mis perezas siempre se camuflan falsas razones. Otra razón viene por intentar satisfacer nuestros egoísmos, al tener un yo insaciable. El bienestar viene precisamente al contrario, cuando te pones en marcha y al servicio de los demás. Y es que de la desolación nacen la furia y la rabia, que son exterminadoras de la razón. Nos ponemos furiosos porque nuestro ego se ve dañado, precisamente nuestro mayor enemigo. ¡Cuántos problemas he tenido por dar rienda suelta a mi furia! Decía Naim: «Controla tu rabia y controlarás tu vida, deshazte del ego y vivirás en paz».

Ha sido al caer la noche cuando por fin he tenido el privilegio de experimentar lo que tanto anhelaba: la paz. Después de mucho tiempo, siento que mi corazón se llena de gozo y en estos momentos me siento tranquila y feliz. No sé cuánto durará, pero noto cómo me estoy renovando por dentro. Vine rota y, poco a poco, mi vida va recomponiéndose gracias a Naim y, cómo no, a Jesús, pues su vida me está devolviendo la mía. ¿Acaso acabaré creyendo algún día que Jesús era el Hijo de Dios?

Día 4

No puedo dejar de mencionar lo bien que estoy comiendo en el restaurante. ¡Creo que estoy cogiendo algún kilillo que otro! Factor que no me va a ir nada mal porque me doy cuenta de que estoy muy delgada y, la verdad, no me gusta nada una figura tan raquítica donde se me marcan todos los huesos del cuerpo. Además, me encanta comer en silencio y con música de fondo, gracias a que a Naim se le ocurrió adelantar la hora de la comida y seguir el horario inglés, con el fin de poder comer solos y alejados del ajetreo que se produce en las horas punta del restaurante.

Y qué decir tiene los textos que estoy tratando, que me están encantando, y eso que yo pensaba que su lectura me resultaría tediosa y aburrida. ¡Todo lo contrario!

Preciosa la conversión que tuvo Jesús con el pequeño Zaqueo, un timador que extorsionaba a sus iguales; pero quedó lleno de alegría y ligero de equipaje cuando el nazareno entró en su casa. La verdad es que me he sentido identificada con ese pobre hombre, que no era feliz y en cuanto descubrió la verdad, tuvo la valentía de deshacerse de sus bienes y de devolver lo que había robado, porque sabía que en ello le iba la vida.

Precisamente, el primer ejercicio que me ha propuesto Naim consistía en contemplar la parábola de Zaqueo, para permitir la entrada de Jesús en mi casa. ¡Ha sido fantástico! Mientras me imaginaba dialogar con Jesús, me he dado cuenta de que todas las cosas que hago son para alimentar mi ego: escribir grandes artículos para recibir la aprobación y la admiración de los demás; exigir a los novios que he tenido que satisfagan todas mis carencias y necesidades, convirtiéndome en una persona celosa y posesiva, de forma que lo único que conseguía era coaccionar la libertad del otro; además de comprar multitud de cosas y todas carísimas, para aparentar más que mi vecina, porque pensaba que en el tener estaba el respeto y la admiración de los demás. ¡Cuánta ingenuidad!

Ahora entiendo por qué arrastrar tantas cosas inútiles resulta tan pesado. Pero ¿cómo he podido vivir engañada tantos años? ¡Me gustaría ser libre y cortar con todas esas ataduras que no me dejan caminar tranquila!

Me he dado cuenta de que en ocasiones damos por hecho multitud de aspectos culturales que se toman como norma por el mero hecho de aparentar. ¿Por qué en verano, a cuarenta grados en la sombra, llevan traje los hombres de negocios, cuando se asfixian de calor? ¿Por qué las mujeres tenemos que lucir tacones de palmo en las bodas, si lo único que sirven es para que llegues a casa baldada y con los pies hechos trizas? ¡Todo ese sufrimiento por resaltar la figura! ¿Por qué no podemos vestir como nos dé la gana sin ser juzgados? Formalismos que nos alejan de nuestra autenticidad y nos hacen sufrir inútilmente.

En el segundo ejercicio he contemplado la mirada sanadora de Jesús, cuando miró a Pedro tras haberlo negado tres veces. Su discípulo se echó a llorar cuando se percató de que había traicionado a su Maestro, pero no encontró acusación alguna por su parte: ¡sorprendente!, pues yo en su lugar habría matado con la mirada al que presumía de ser un fiel amigo. Sin embargo, la mirada de Jesús me indica que debo deshacerme del rencor que habita en mi corazón porque me está envenenando y causando graves problemas, teniendo en cuenta además que yo también he despreciado a muchas personas: ¡cuántos hombres han intentado conocerme y si no me interesaban les soltaba un estufido! ¡Cuántos compañeros de trabajo he menospreciado porque no me resultaban interesantes o porque a primera vista no me daban buena espina! ¡Ni siquiera me he relacionado con mis vecinos, porque no me han importado lo más mínimo!

Lo cierto es que siempre he tendido a culpabilizar a los demás de mi desdicha, pero entiendo deba examinar qué hay detrás de todo eso, qué oculto, qué es lo que no quiero ver y qué es lo que mi mente intenta encubrir o acallar.

Según Naim, cuando llegan tiempos de desolación, nuestra mente tiende a simplificar el análisis de lo que pasa y se escuda culpabilizando a los demás con el fin de proteger nuestra imagen, es decir, recurrimos a la peor salida posible. Así que, ya es hora de madurar y de examinar la realidad, partiendo de mi educación temprana y poniendo en el ojo del huracán la cultura en la que he crecido, así como las creencias sociales.

Naim insiste en que para crecer en el discernimiento tengo que prestar mucha atención a la acción de gracias diaria. Dice que tengo que dar gracias a la creación por todo lo que tengo, independientemente de que crea en un ser superior o no, ya que esa es la verdadera realidad: lo que tengo y lo que soy. Si no acepto lo que tengo, no estoy siendo realista y mi mente me lleva a un yo ideal alejado de la verdad, de la realidad; por tanto, es una aceptación radical del yo, por muchas cosas que tenga y que no me gusten de mí, pero el negarlas, ocultarlas o intentar culpabilizar a otros de mis defectos es una actitud infantil y dañina para mi propio yo, que, por cierto, no paro de vapulear constantemente. «La bestia más feroz que hay en uno mismo aparece en cuanto no nos ponemos delante de nuestros temores», me ha dicho Naim con contundencia. Me invita a nombrar cada uno de mis miedos y temores, ya que, si no les pongo nombre, acabaré construyendo mi vida en torno a la mentira y el engaño. ¡Un palacio de mentiras es lo que yo tengo construido! Me he estado engañando desde que era una niña, y todo por no ser capaz de abordar los miedos que he ido arrinconando a un lado sin tener la valentía de afrontarlos o intentar resolverlos. Al menos me tranquiliza el hecho de que todos experimentamos temores, dado que si no los tuviéramos seríamos psicópatas.

Soy consciente de que para crecer en la vida tengo que abordar mis temores, en lugar de defenderme de ellos agrediendo al mundo o a mí misma. También sé que es bueno hablar de ellos, ponerles nombre y verbalizarlos ante alguien, pues al ser acogida te alivia y te pone en camino.

Es un consuelo saber que todos tenemos nuestro punto flaco, zonas por las que sufrimos y hacemos sufrir inútilmente. ¡La perfección no existe! Sin embargo me considero una perfeccionista de armas tomar. Siempre exigiéndome y exigiendo a los otros de una manera tan radical que lo único que consigo es multiplicar por cero a la persona y a mí misma. Por ello tengo que tomar especial precaución en mi puñetero «pero», tan arraigado en mí y tan demoledor. En lugar de restar, ¿por qué no sumo?

Por todo lo expuesto, deseo con toda mi alma conocerme y ser consciente de mi propia debilidad, aunque no consiga fortalecerla, pero prefiero eso antes que morir engañada.

Ha sido al caer la tarde cuando mi mente me ha reportado hasta mi niñez, en aquella escena en la que una niña de nueve años culpabilizaba a su madre por no entender por qué todas sus amigas tenían papá y ella no. Me han dolido todas las palabras de reproche que emití en su día a un ser inocente, sin ser consciente de que mi madre se estaba dejando la vida para sacar adelante a sus dos pequeños. Me he puesto a llorar de impotencia, pero he vuelto a tener una experiencia de paz profunda, ya que ese sentimiento de culpabilidad, que me perseguía y me decía que la causa del abandono de mi padre se debía a que yo era un ser despreciable, ha desaparecido y se ha convertido en pura misericordia y perdón hacia mi padre, mi madre y hacia mí misma. ¡He conseguido perdonar a mi padre! Jamás en la vida pensé que podría llegar ese momento, pero me he dado cuenta de que, al fin y al cabo, es un pobre hombre, débil y frágil como cualquier persona, y seguro que lo pasó tan mal como mi madre, y que yo no puedo seguir alimentando un rencor que lo único que esconde es un vacío existencial en mí, que yo misma he desviado y convertido en un sentimiento de culpa enfocado hacia mi padre.

A su vez, he podido perdonar a mi exnovio, cuya última carta me apasionaría leer en estos momentos. ¡Cuánto habrá tenido que aguantar sin ni siquiera yo darme cuenta! Despierta en mi conciencia el sentimiento de abandono que arrastraba desde mi niñez y que transformé en unos celos desmesurados hacia la persona que estaba conmigo: ¡por miedo a perderle y que me dejase sola! Veo lo irracional que fui al no permitirle, entre otras cosas, salir con sus amigos, porque pensaba que me podría ser infiel y no quería dar pie a ello. Tanto le asfixié, tanto le reprimí su libertad, que yo misma le incité a la infidelidad. Solo tuvo que conocer a una chica que se sentía libre para quedar cautivado y enamorado de esa libertad, precisamente aquello de lo que yo carecía. Como diría Naim: «Si le quitas la libertad al hombre, le quitas la vida».

No sé si seré capaz de plasmar todas las explicaciones que me da Naim, pero quiero dejar constancia de lo que me ha dicho después de que le haya mostrado abiertamente mi historia y todos los sentimientos y pensamientos que a lo largo de estos días han aterrizado súbitamente en mi mente. ¡Qué bello lo que me ha dicho!: «La autoestima se forja viéndote reflejado en los demás; si durante el tiempo en el que se construye la personalidad, tú te has sentido miserable, es lógico que te consideres inferior. ¡Gran mentira, por cierto! Tú no eres ni más ni menos que el resto de los mortales, además de que no tienes que demostrar nada a nadie. ¿Para qué mendigar en busca de aceptación y prestigio? No intentes brillar más o subirte a un árbol para que te vean los demás porque te crees pequeñita. ¡No tengas miedo de mostrarte al mundo! Tú eres lo que eres y tienes que creer en ti. Deja que las personas se acerquen a ti sin esa muralla de miedos en la que te atrincheras, pues no hay que temer a las palabras. ¡Empieza a ser tú misma desde ya! Sé consciente de que una persona orgullosa es la que tiene dañado el ego, una persona rencorosa es la que tiene poco amor, y una persona egoísta es aquella que se piensa que el mundo gira en torno a ella. Busca, por tanto, la humildad, el perdón y la bondad, tal y como hizo Jesús, para que tu vida cambie y se llene de sentido vital, donde la libertad sea el oxígeno y el alimento la paz».

Día 5

Cada día es un nuevo amanecer, un premio que nos regala la vida para poder disfrutar y valorar todos los buenos sentimientos que brotan en nuestro interior, además de una renovada oportunidad para conocernos más profundamente y aborrecer nuestro pecado, aunque sin sentirnos culpables, dado que alimentar los sentimientos de culpa es energía perdida, tan inútil como cada segundo que dejamos de sonreír. ¿Quién iba a pensar que un día pudiese escribir estas palabras? Pero así lo siento y así lo muestro.

Sigo cautivada por los mensajes de Jesús: «Aprended de mí que soy tolerante y humilde». Un mensaje que me invita a ser tolerante con el otro, que, quizás, sufra más que yo; y, también, a ser humilde, un valor al alcance de pocos. Es humilde quien no se preocupa de alimentar su ego y es tan desprendido como un niño. Desafortunadamente no puedo presumir de haber alcanzado ese valor; no obstante, comienzo a experimentar con mi propio cuerpo una gran verdad: la única forma de ser medianamente feliz en la vida es siguiendo el ejemplo de Jesús.

Jesús era un hombre sin apegos, que vivía el día a día. Lo mismo estaba con los pobres que con los ricos. Siempre decía lo que pensaba, sin preocuparse por el qué dirán. Era un hombre que vivía en la realidad y sabía valorar cada momento de la vida. Su carga era ligera porque en su corazón no existía el rencor, el orgullo, la avaricia, el egoísmo, los tormentos del pasado o del futuro; no tenía bienes que le cargasen, pues todo lo había dado a los pobres y a los más necesitados.

Ha sido muy revelador lo que me ha dicho Naim: «Aquellos aspectos de Jesús que te van tocando son aquellos en los que tienes una llamada».

¡Madre mía, en ese caso tendré que montarme una centralita!

La verdad es que son muchos los aspectos que me llaman la atención de Jesús, pero despierta gran admiración en mí su capacidad de desprendimiento, libre de todo apego hacia los bienes materiales y sin ninguna necesidad de acumularlos. ¡Precisamente lo contrario que nos vende nuestra cultura! También me parece fascinante que fuese un hombre de mundo, siempre rodeado de amigos y al servicio de los demás. Aunque lo que más me sorprende de él es el don que tenía para perdonar y no guardar rencor en su corazón. ¡Qué capacidad de discernimiento y de aceptación de la condición humana! Parece como si fuese la única persona de la Tierra capaz de contener la tendencia del hombre a la neurosis obsesiva, que no es más que la búsqueda de la perfección, la cual deja tras de sí graves secuelas, principalmente la resistencia al cambio, ya que la perfección no admite la improvisación. Por ello en mi vocabulario aparecen frases automatizadas que contribuyen a permanecer en una mente arcaica: «Esto siempre ha sido así...», «lo normal es...»; o supervaloro los más ínfimos detalles, como limpiar sobre limpio, teniendo que dejar todo pulcro como la seda; aunque últimamente estaba yendo al otro extremo y abandoné mi cuerpo e incluso la limpieza de mi casa. ¡Siempre en los extremos! ¡Cuántas energías perdidas por no encajar la condición humana! Menos mal que apareció Jesús en el mundo para poner un poco de orden y enfrentarse a tantos tópicos, leyes absurdas y opresoras que infravaloraban al ser humano.

Me encantó lo que dijo Jesús a cuatro descerebrados que querían matar a una mujer porque había sido infiel a su marido: «Quien esté libre de pecado tire la primera piedra», para luego, después de que todos los presentes se marchasen con la cabeza cabizbaja, mirar a esa pobre mujer con cariño y decirle: «Yo tampoco te condeno. Vete y en adelante no peques más». En pocas palabras fue capaz de sanar a una mujer que iba buscando aceptación en otros hombres para reforzar su valía. No emitió reproche alguno contra ella, simplemente le aconsejó no seguir por esos derroteros que le estaban hundiendo como persona, mostrándole que ese no era el camino para ser feliz, y que no pasaba absolutamente nada si había cometido un error. ¡Bastante sufrimiento tendría la mujer en su casa para tener que recurrir a los encantos de otro hombre!

Me gustaría concluir el diario de este día mencionando cómo me siento, porque me parece algo tan mágico y fascinante, que estoy convencida de que, si no lo reflejo, luego podría parecerme un sueño o un espejismo: ¡me siento en paz conmigo misma y llena de gozo! En mí brota la alegría y la esperanza, y creo que he pasado de la muerte a la vida sin apenas darme cuenta.

¿Cómo acabaré el mes si en cinco días estoy desbordante?

Día 6

San Juan de Peñagolosa es un lugar es idóneo para pasear y descubrir nuevos rincones donde meditar y hacer los ejercicios de contemplación. A pesar de que nunca me ha gustado hacer deporte, le estoy encontrando el puntillo. De hecho, noto cómo mi cuerpo se va fortaleciendo después de salir a caminar un par de horas todos los días. Y es que, además, disfruto del paisaje y de la fauna.

¡Vaya textos los de hoy! ¡Han sido apasionantes!

«Os aseguro que lo que hayáis hecho a estos mis hermanos me lo hicisteis a mí. Lo que no hicisteis a uno de estos más pequeños no me lo hicisteis a mí. Éstos irán al castigo perpetuo y los justos a la vida perpetua».

Estas palabras de Jesús interpreto que se refieren a la vida terrenal: cuando nos volcamos en el otro, vivimos; cuando lo despreciamos o pasamos del hermano, morimos.

Creo que es una gran verdad y siento que Jesús me invita a disfrutar de la vida con mis iguales y conmigo misma, viendo nacer cada día de forma especial, dado que no hay un solo día igual. Realmente es posible vivir cada nuevo amanecer como un regalo, no como una rutina, y dos son sus posibles causas: bien no estoy siendo agradecida o bien no estoy viendo más allá de mi ombligo.

Es un verdadero deleite saber que en cuanto el sol se pone a reinar en lo alto es una nueva oportunidad de conocer a alguien y disfrutar de su conversación, sin buscar nada de esa persona, por supuesto; también puedes descubrir una nueva flor con la que deleitarte con su fragancia; escuchar el trinar de las aves del cielo, tan variopintas como el color de sus plumas; saborear una buena comida; disfrutar de un agradable paseo a la vera de los árboles que acompañan a un camino; o simplemente puedes gozar leyendo un libro. ¡Tenemos miles de alternativas!

Esta mañana, Naim me ha dedicado unas palabras muy bonitas y necesarias: «A veces disfrutamos muy poco de Jesús, pues creemos que Jesús es un modelo ético a imitar; pero no lo es, porque si lo fuese estaríamos condenados a la frustración y al fracaso. En ocasiones, cuando nos acercamos al Evangelio empezamos a pensar si yo podría hacer lo mismo que Jesús, olvidando que el Evangelio es para que yo me conmueva, no para medirme con el crucificado».

Después de comer he considerado oportuno dar una larga caminata, ya que me sentía algo aburrida. Pensaba que Naim había concluido su trabajo antes de hora, pero la realidad es que todo está por sanar.

Ha sido entonces, durante la tercera contemplación del día, cuando me ha venido a la mente una pregunta inquietante: ¿cómo puedo aceptarme a mí misma? Consciente de que tiendo a castigarme con malas comidas o, en muchas ocasiones, ni siquiera me tomo las molestias de ingerir algo que sacie a mi estómago. O lo que es peor, me bombardeo con pensamientos negativos con el fin de castigar a todo mi ser. ¡Y todo por no aceptarme como soy!

De este modo he descubierto el punto más crítico de mi vida. Esa raíz que se ramifica sucesivamente y consigue enmarañar, de forma sutil y casi imperceptible, al resto de campos de mi existencia, modificando así los cimientos donde se construye el yo. Al tambalearse los pilares, surgen las grietas y fisuras por donde penetran los miedos; pero una capa de pintura no es más que un parche, una máscara, que no soluciona el problema, sino que lo maquilla.

La respuesta que he recibido contemplando la vida de Jesús es que todos los pecados, ofensas y malas actuaciones que haya podido realizar me son perdonadas. Es como volver a nacer para construir de nuevo. Eso significa que todos mis rencores desaparecen, lo cual me deja un corazón limpio.

Saber que todos estamos hechos con el mismo material: carne, huesos y espíritu, me indica que todos somos criaturas de la creación, iguales pero con características distintas. Sé que si he nacido es para vivir y tener vida en abundancia, por lo que siento que Jesús me dice: «Para y disfruta de la vida, te afanas en muchas cosas y solo una es importante». Frase que me invita a despertar para vivir el presente, pues mi mente se empeña en llevarme al pasado o al futuro, no disfrutando del único momento existente; por tanto, a partir de ahora, tengo que concentrarme en la actividad que esté realizando en esos momentos, evitando pensar en las cosas que tengo que hacer o mortificándome por vivencias del pasado que no sucedieron como a mí me hubiese gustado. De hecho, Jesús insiste en que no nos preocupemos por el mañana, dado que bastantes problemas tiene el día de por sí.

Naim dice que el mañana mata y mortifica el presente y me ha dado un truco estupendo para no evadirme de la realidad: «Cuando veas que te surge un pensamiento que te arrastra a una actividad futura o a un evento del pasado, di hacia tus adentros: ¡presente! Volverás inmediatamente a la realidad y, con la práctica, esa acción se convertirá en un ejercicio automático, dado que el cerebro es maleable y solo hay que enseñarle a cambiar su codificación».

En fin, esta noche es la última que pasaremos en San Juan de Peñagolosa, mañana regresamos a Benicasim, aunque no puedo dejar de preguntarme ¿qué pasará con las próximas tres semanas de tratamiento? ¿Nos volveremos a ir de excursión? ¿Cómo haremos para igualar esta experiencia tan gratificante?

Día 7

Son las diez de la mañana y Naim me ha dicho que en cuanto acabe de escribir el único ejercicio de contemplación del día de hoy, de los cuatro a los que estoy acostumbrada a realizar diariamente, cogeremos las mochilas y emprenderemos la marcha hacia Vistabella con el fin de tomar el autocar que nos lleve de vuelta a casa. Al parecer, quiere que me tome el día de descanso, para que pueda desconectar y digerir todo lo que he aprendido y vivenciado durante estos días. De manera que hasta mañana a primera hora no tendré que volver a su consulta, lo cual me da mucha pena porque me estoy acostumbrando a su presencia y sé que en mi casa puedo derrumbarme. Pero, bueno, tampoco quiero adelantarme al futuro y volver a caer en los miedos y temores que siempre me han atormentado.

Confieso tener mucha curiosidad por saber si realmente se ha producido un cambio en mi vida o si el entusiasmo que siento en estos momentos es una nube irreal que se puede desvanecer en cuanto pise la primera baldosa de la entrada de mi casa. ¿Habrá cambiado mi forma de relacionarme con el mundo y conmigo misma? ¿Seré capaz de saborear el presente y todo aquello que me rodea? ¿Qué habrá pasado con mis miedos y temores? Vamos, no sé si en una semana habrán desaparecido, pero lo cierto es que la única manera de comprobarlo es volver a la rutina diaria y enfrentarme a ella, por ello estoy un poco excitada y muy alerta a todo lo que me suceda a lo largo del día. También tengo que decir que, afortunadamente, parto con la premisa de afrontar un día que nunca he vivido y que es nuevo para mí.

Bien, en cuanto a la contemplación se refiere, he leído el texto en el que Jesús le dice a Pedro: «No temas, en adelante pescarás hombres».

¡Me parece increíble que Pedro optase por dejarlo todo y decidiese seguir a Jesús de forma radical!

En este texto he podido percibir a una persona que transmitía una paz tan inmensa y desprendía una alegría tan radiante, que se convertía en un auténtico honor el poder permanecer a su lado. Deduzco que fue así cómo los doce discípulos fueron capaces de dejar su yo, su ego, sus temores, sus egoísmos, para en adelante confiar en Jesús y adentrarse en un camino de aprendizaje y ayuda a los hombres.

A mí personalmente me dice que esté tranquila y que no tenga miedo a nada ni a nadie, lo cual me reconforta, pues ahora soy consciente de que tenía miedo a mi jefe, cuando no era más que un hombre narcisista que en breve estará jubilado y pasará a convertirse en un cero a la izquierda, porque recibirá lo que ha sembrado durante el tiempo que ha estado oprimiendo a sus empleados. Incluso me parece sorprendente la nitidez con la que vislumbro el paso de este señor, con aires señoriales, de la gloria terrenal al más puro olvido, y sé que eso sucederá en breve. Ello me muestra que no hemos de poner nuestra mirada en la cima de las cosas mundanas, porque las caídas suelen ser sin paracaídas y, por tanto, extremadamente duras.

A modo de conclusión me gustaría escribir unas líneas que resumiesen la experiencia que he tenido a lo largo de esta semana, lo cual no me da pereza alguna porque sé que luego será una gozada el releer todo lo que estoy escribiendo en estos momentos.

Precisamente de gozo puedo escribir, todavía más cuando era algo que jamás podría imaginar que pudiese sentir en forma de calorcito alrededor de mi corazón. Es una paz profunda, una sensación de bienestar que inunda todo mi ser de alegría y tranquilidad, como si estuviese flotando en el mar y mi cuerpo fuese recorrido por una suave brisa que disipase cada una de las preocupaciones que durante tanto tiempo me han envuelto y ofuscado. Es un abrir los ojos a la vida, a la realidad, a la verdad de nuestra existencia, por ello ya no tengo tan claro que Dios sea una invención del hombre, porque si así lo fuere, ¿qué pasa con la espiritualidad? No sé, solo sé que la gente que creía en Jesús y le seguía recobraba la vida, cuando este lo único que pretendía era mostrar el verdadero rostro de su padre Dios, un ser compasivo y misericordioso, como él. ¡Menudo enigma! Es algo tan complicado e irracional que me cuesta entender el misterio de la creación, pero de lo único que puedo hablar por experiencia propia es que Jesús me está devolviendo la vida con su ejemplo y sus enseñanzas.

¿Y qué decir de mi maestro? ¡Naim, Naim! ¡El hombre perfecto! ¡El amor con el que he soñado desde que era niña! Su sabiduría me atrae como la fragancia que desprenden las rosas, su bondad vivifica mi alma como el rocío de la mañana en el desierto, y su amabilidad es un manto de vida que enjuga el sudor de mi cuerpo y seca mis lágrimas. No ha habido una sola noche que no pensase en él, siempre imaginando que entraba en mi cuarto a abrazarme como una madre abraza a su hijo; calor fúlgido que todo ser humano necesita para combatir ese sentimiento de soledad que se desarrolla en el corazón del hombre igual que la construcción de una tela de araña: a veces invisible, pero siempre hilada de forma insonora; y, sin embargo, está ahí, pacientemente esperando como un búho aguarda a su presa para atacarla por sorpresa y caer rendida bajo sus garras.

En resumidas cuentas, a disfrutar del día y mañana veremos si este hombre vuelve a sorprenderme. Yo, de momento, me dejo llevar y me abandono como un bebé en los regazos de su madre.

5

Cristina quedó pensativa ante la puerta de su piso. La miró de arriba abajo, acarició el marco con suavidad y apoyó su cabeza sobre la misma, dejando escapar un suave suspiro. Se sentía extraña y con la necesidad de saber si sería capaz de entrar sin la nube negra que durante tanto tiempo le había acompañado.

En cuanto puso la llave en la cerradura, un flash se introdujo en lo más profundo de su ser, iluminando las mazmorras de su inconsciencia que el miedo se había encargado de custodiar de forma infranqueable. Pero ya no había nada que temer, nada que ocultar, había llegado la hora de leer aquella carta con la que Iván se despidió.

Dejó la mochila en la entrada de su casa y se dirigió con paso firme a su habitación. Abrió el primer cajón de su mesita de noche y sacó una carta bastante voluminosa. «Al menos se molestó en escribir —pensó—. Me pregunto qué diablos habrá escrito este hombre, pues si me dejó por otra y no tuvo valor de decírmelo a la cara, ni siquiera de llamarme por teléfono, es porque no le importaba mucho... Supongo que querría desahogarse y decirme lo infeliz que era a mi lado».

Sin más demora desenvolvió la carta y se sentó en el costado de la cama, para empezar a leer con valentía lo que en su día quiso hacer y no pudo:

Hola Cristina:

Imagino que estarás muy furiosa conmigo por lo que pasó el sábado pasado —«Pues, sí, la verdad, en eso no te equivocas», pensó Cristina, cuyas manos empezaban a temblequear en cuanto los recuerdos empezaron a evocarle el pasado—, *y seguro que si me vieses la cara te encantaría partírmela en dos. Supongo que es comprensible y también entiendo que puedas sentirte así, especialmente cuando esta misma semana íbamos a casarnos, pero la realidad se ha impuesto y por una parte me alegro de ello, porque estoy convencido de que era lo mejor para los dos, aunque puedas llegar a pensar lo contrario* —«Sería lo mejor para ti. ¿Acaso no sabías que te amaba con todas mis fuerzas?», el sentimiento de Cristina afloró con tal fuerza que los ojos comenzaron a brillarle, hasta que una lágrima cargada de nostalgia y dolor recorrió el mermado camino que otras miles de lágrimas ya habían surcado a lo largo de los últimos dos años—. *Imagino que te estarás preguntando muchas cosas, entre otras por qué no he sido capaz de dar la cara y decírtelo yo mismo en persona o por qué te he sido infiel si en realidad no quería casarme* —«¡Qué fuerte! ¿No querías casarte conmigo? ¿Entonces para qué pusimos fecha de boda? ¿Acaso te puse un cuchillo en el cuello para hacerlo? El principal problema radicaba en que eras demasiado inmaduro y no sabías ni lo que querías, además de ser un egoísta y un cobarde»—. *Conociéndote como te conozco, seguro que ya estás juzgándome, muy propio en ti, sin darme siquiera la oportunidad de expresarme como a mí me gustaría, ya que nunca has sido capaz de escuchar mis sentimientos, por lo que te ruego leas con el corazón abierto lo que tengo que decirte, dejando a un lado cualquier tipo de juicio; de lo contrario será imposible que me entiendas. Yo lo único que pretendo es que esta carta, por muy dura que te pueda resultar, se convierta en un instrumento sanador para ambos, no en una arma destructiva* —«De acuerdo, lo intentaré», pensó Cristina, intentando dejar la subjetividad a un lado para ser lo más neutra posible e intentar comprender a quien tanto amó—.

Me gustaría comenzar diciéndote lo que en su día quise, pero no pude. Tu fuerte carácter me iba cohibiendo hasta el punto de generar en mí un sentimiento de miedo y de culpabilidad. En cuanto había algo que no entraba en tu esquema mental, me martirizabas con largos sermones y pataletas de niña pequeña, cuyo fin no era otro que conseguir aquello que te proponías, sin pensar en mis intereses. Fruto de ello se armaba una discusión enorme que parecía no tener fin. Tú te empeñabas en exponer tu postura una y otra vez, para intentar convencerme de que la razón estaba de tu parte, con lo cual me ponías muy nervioso, porque en esos momentos lo único que me apetecía era salir corriendo para no echar más leña al fuego. Y, aunque pienses lo contrario, te puedo asegurar que las discusiones son uno de los peores inventos del ser humano, porque no sirven para nada. Solo a través del diálogo se puede alcanzar un acuerdo, pero nunca durante una discusión. En otras palabras: si no quieres fuego, echa agua cuando aparece el humo. A mí no me costaba nada ver el humo, de manera que para que no se prendiese más el fuego me marchaba a otra habitación o me iba a dar un paseo, pero tú te empeñabas en obstaculizarme el paso o perseguirme, para seguir acorralándome y machacándome con tus monsergas. ¿Acaso te servían de algo? ¡Qué ilusa! Cuanto más hablabas más me enervabas, consiguiendo que ardiese Troya e incrementar todavía más las diferencias. De manera que lo que se podría haber solucionado echando un poco de agua y abriendo las ventanas para ventilar, se convertía en una relación socarrada y abrasada por tus palabras cargadas de ansiedad, dado que pretendías imponer tus criterios a cualquier coste. Si a ello le añadimos que todo lo que yo hacía parecía molestarte, entonces ya uno se cuestiona: ¿realmente puedo hacer feliz a esta persona? ¿Esta mujer es capaz de ofrecerme lo que yo necesito? Y te das cuenta de la única respuesta posible: ¡no!

Fue así como me di cuenta de que estaba anulando mi identidad por querer satisfacer tus peticiones; pero cuando uno ya no se encuentra y deja de ser auténtico, entonces ese día aflora en ti un sentimiento que te indica que estás completamente desconectado de tu esencia. ¿Cómo podría explicártelo? Es como si estuvieses enterrado vivo en una tumba de la que quieres salir y no puedes. Te falta el aire y por más que intentas gesticular que necesitas respirar, el otro se empeña en sentarse sobre esa tumba para evitar que salgas de ahí, con lo cual, el amor acaba muriendo irreversiblemente. Leer esto en frío puede parecer incluso sádico, a sabiendas de que el amor no se mata de forma consciente y sé que tú has actuado acorde a tus criterios, que, para ti, seguro eran los mejores, pero no lo eran para mí. ¿Por qué? Porque el hombre necesita disfrutar de su libertad y sin ella no somos personas: ¡somos esclavos! Y no pienses que con ello quiero decir: ¡Viva el libre albedrío! No, lejos de mí. Con ello simplemente quería hacerte saber que me habría encantado que me hubieses dado libertad para autorrealizarme con aquello que necesitaba mi espíritu, que, lógicamente, no coincidía con tu escala de valores o principios, porque tú tenías una serie de características y capacidades muy distintas a las mías.

Cada cual tiene que buscar su camino y si esos caminos no se respetan y no son capaces de ir en paralelo, para juntarse en algún momento puntual, lo cual significa caminar en pareja, entonces se acaba pisoteando al otro, como nos ha ocurrido a ti y a mí. Aunque bien sabes que yo siempre he dejado libre tu camino, sin inmiscuirme en tus cosas para no entorpecer tu proceso de crecimiento, muy consciente de que tenía que respetar aquellas esferas en las que te gusta moverte; sin embargo, yo percibía, una y otra vez, que pisoteabas mi camino, haciéndolo más difícil y cargándolo de obstáculos, porque no respetabas nada de lo que yo hacía. ¿Por qué te empeñabas en imponer tus criterios a cualquier precio? Encima, si no lo conseguías, cogías aire para volver a arremeter contra mí. De manera que, con tu persistencia obsesiva, conseguías que fuese cerrando las puertas a aquello con lo que disfrutaba. ¿Acaso no te dabas cuenta de que me estabas anulando como persona? ¿Por qué te empeñabas en que entrase en tu camino a costa de renunciar al mío propio? ¿Por qué te obcecabas en el estereotipo de que una pareja tiene que hacer todo juntos? Y, claro, con la excusa de que mi camino era muy duro, mientras el tuyo era llano y, sin duda, la mejor opción posible, por no decir la única, pues el resto del engranaje ya dejaba de funcionar, como era lógico.

Ese creo que ha sido uno de los principales errores que has cometido conmigo: obligarme a hacer cosas que a ti te gustaban y a mí no, además de prohibirme o poner impedimentos hacia aquello que mi alma anhelaba. Así llegaban los veranos y en lugar de disfrutarlos se convertían en batallas campales: tú con la idea fija de ir de vacaciones a Mallorca porque te entusiasmaba la playa, pero incapaz de ver cómo mi tensión bajaba hasta parámetros preocupantes dado que mi cuerpo clamaba a gritos otra cosa, como pasar unos días en la granja de mi padre y disfrutar de la alegría que infunden los animales y del pacífico ambiente que se infunde alrededor. ¡Lástima que nunca entendieses, por más veces que te lo dije, que si querías arruinarme un verano, solo tenías que llevarme a la playa! Y por muy incomprensible que te pueda parecer: ¡no me gustaba ir a la playa! Deberías aprender que el hecho de que a ti te guste algo a morir, no significa que le tenga que gustar a los demás... ¿Y qué me dices de todas las discusiones que hemos tenido porque no has encajado de buen grado que me gustase tocar la guitarra? Bien sabes que en alguna ocasión he preferido quedarme en mi casa tocando, en lugar de quedar contigo, por la mera razón de que me apetecía en esos momentos ensayar tranquilamente en mi cuarto. Luego, para que me quedase cargado de remordimientos de conciencia, utilizabas el viejo truco compasivo diciéndome que le daba más importancia a la guitarra que a ti, de tal manera que tuve que dejármela durante un tiempo para que no te sintieses despechada, no dándote cuenta que ese tiempo que yo sacrificaba era un tiempo infructífero que pasábamos juntos y que al final acababa de la única manera posible: ¡en una enorme discusión! ¿Por qué? Porque ni mi mente ni mi cuerpo estaban en actitud receptiva. ¿No te dabas cuenta de que mi alma no necesitaba de tu compañía en aquellos momentos, sino de la música? Tal vez, si me hubieses dejado regocijarme con aquello que en aquellos momentos anhelaba, yo mismo te habría llamado para quedar después y, así, contarte lo bien que había pasado la tarde. Y no nos engañemos, la obsesión de querer pasar tanto tiempo conmigo era por pura dependencia hacia mí, algo que, como comprenderás, al final resulta cargante y agobiante, porque, de repente, te das cuenta de que tienes que luchar contra una fantasmagórica celosía fruto de tu imaginación, consiguiendo que me sintiese como un objeto o una posesión, no dándote cuenta de tu actitud enfermiza. Es más, me atrevo a decir que la dependencia viene por un vacío existencial, una autoestima muy deteriorada y una rigidez mental exacerbada. Sin embargo, tienes que saber que el sentido existencial parte de uno mismo, pues tu fuente está en ti, no en mí. Partiendo de ese error, el resto es insatisfacción general hacia la otra persona, por lo que nunca acaba de complacerte. De ahí el esperar continuamente que te preguntase aquello que tus oídos querían escuchar, pero debes de saber que yo no nací adivino y que era totalmente erróneo el intentar manipularme y actuar acorde a ti te gustaría que actuase, puesto que si querías ver una representación teatral, lo habrías pasado mejor en el teatro o en el circo.

Yo soy como soy y nada ni nadie me puede hacer cambiar, que es lo que has intentado hacer tú desde el día que me conociste. ¿Por qué? Porque en realidad no me aceptas como soy, por el mero hecho de que padeces de un exceso de narcisismo que te lleva a actuar con un perfeccionismo desmesurado, razón por la cual todo te genera ansiedad, que la acaba pagando quien se encuentra a tu lado. Por ello decidí no seguir contigo, porque si ya de novios me hacías sentir así, no quiero ni pensar cómo sería estar conviviendo contigo bajo el mismo techo...

En fin, tendría tantas cosas que decirte que casi prefiero no seguir y pasar a darte las oportunas explicaciones que creo mereces acerca de la chica por la que te he dejado. En primer lugar admito que lo que hice no está bien, cuando lo idóneo habría sido que tú y yo lo hubiesemos dejado antes, y una vez tienes el cartel de libre, que cada cual hubiese redirigido la vida como hubiese querido; pero, como ya te he explicado, no me atrevía a hablar contigo y simplemente me he dejado llevar.

A esta chica, Gloria, la conocí hace un año en el curso de guitarra que realicé en Valencia el verano pasado. Enseguida conectamos, ya que teníamos una gran afinidad y podíamos hablar de todo de forma natural y sincera. No como nosotros, que nuestras conversaciones se limitaban a interrogatorios de qué es lo que había hecho a lo largo del día, donde me pedías explicaciones por todo o te limitabas directamente a quejarte de mí.

Junto a Gloria todo es distinto. ¡Con ella me siento libre a la hora de hablar y actuar! Nunca me reprocha nada y respeta todo lo que a mí me gusta, con lo que me siento aceptado y querido.

Y así fue cómo empezamos a quedar, porque no vive muy lejos de aquí, en Sagunto, y unas veces me iba yo para allá, y otras se acercaba ella. Aun así, a pesar de tomarnos muchos cafés y darnos largos paseos, nunca pasó nada entre nosotros. Existía un código de distanciamiento afectivo, que ambos respetábamos; pero fuimos dándonos cuenta de que nuestros sentimientos iban más allá de una amistad, por lo que en la despedida de solteros, viendo que o nos la jugábamos a una carta o ambos perderíamos el tren de nuestra vida, decidimos dar rienda suelta a nuestros deseos y formalizar nuestra relación.

Espero puedas perdonarme y que, con el tiempo, te alegres de que haya encontrado el amor de mi vida. Del mismo modo, espero y deseo que un día puedas encontrar una persona con la que puedas compartir tu vida, tus inquietudes, tus pasiones y podáis formar una estupenda familia. Eso sí, permíteme darte un consejo: ¡aprende a escuchar! Quizás te preguntes por qué te digo esto, dado que seguramente no eres siquiera consciente de ello, pero debes de saber que en el tiempo que estuvimos juntos jamás me sentí escuchado. Y claro, al final, los sentimientos se acumulan en el interior del corazón y actúan como cuchillas afiladas, capaces de rasgar el velo que cubre nuestro ser, dejando una herida incurable con la medicina, pues los sentimientos solo sanan liberándolos a través de las palabras y cayendo en el campo del entendimiento de la otra persona, que es cuando nos sentirnos comprendidos; sin embargo, jamás pude expresar mis sentimientos sin recibir un juicio por tu parte, de manera que los iba acumulando, día a día, carcomiéndome por dentro. ¿Acaso desconoces que los sentimientos son inconscientes, ajenos a la voluntad de las personas, y que surgen a raíz de las vivencias y de la manera con la que nuestro cerebro interpreta la información recibida? ¿No eres consciente de que los sentimientos no son ni buenos ni malos, porque simplemente aparecen y deben de ser aceptados? El intentar luchar contra un sentimiento es como atarse unas cadenas en los pies, que por más que intentas avanzar no puedes porque hay algo que te impide seguir hacia delante. Hemos de aceptar nuestros sentimientos, sin represiones, si no queremos que al final acaben saliendo como un huracán que destruye todo lo que se encuentra por su camino.

En mi caso, tenía tantos sentimientos reprimidos que poco a poco mi carácter se iba agriando, de manera que cada vez me sentía más miserable e iracundo. ¿Recuerdas las veces que intenté hablarte con total sinceridad y siempre acababas llorando como una niña pequeña? Así, lo único que conseguiste fue incrementar mi desconfianza e incluso despertar en mí sentimientos de miedo, porque sabía que en cuanto abriese mi corazón aplicarías sin escrúpulos la guillotina del juicio. ¡Ojo! No te creas que te estoy diciendo que quería una relación idealista y sin problemas, pero a nosotros se nos estaban acumulando. ¿Y qué me dices de tu forma de hablar? ¡Siempre me hablabas en negativo! En todas tus frases utilizabas el "no", como un objeto punzante que cuando entra en tu piel se expande en las raíces de la no-aceptación para dar fruto a la culpabilidad. ¿Acaso creías que cambiaría por echarme en cara aquello que no hacía a tu manera o que te gustaría que te hubiese dicho o hecho? A eso le llamo yo ingenuidad. Sí, Cristina, sí, ingenua porque uno es como es y no se le puede forzar a cambiar, ni soltarle un discurso con tal de intentar convencer a la otra persona de que se está equivocando. ¿De qué te sirve ganar una discusión por la dialéctica abusiva y el empecinamiento, si mi punto de vista jamás lo ibas a cambiar de esa manera?¿Acaso creías que obcecándote en aquello que pretendías modificar de mí, lo ibas a conseguir por comportarte como una hormigonera que no para de machacar? ¡Cuántas discusiones nos habríamos evitado si hubiesemos dado tregua al silencio y no hubieses sido tan insensata de querer continuar en una discusión que no llevaba a nada, más que a la exasperación! ¡Cuánto orgullo y egoísmo se escondían tras cada discusión! Orgullo por no ser capaz de ceder y ponderar en que uno tiene la razón, y egoísmo por no pensar en el otro, sino en tus propios intereses.

Aún retumba en mis oídos aquella discusión que tuvimos porque un día quise quedar a cenar con mis amigos. ¿Recuerdas que te pusiste como una energúmena?:

—Quieres parar de una vez —te decía yo, cuando estaba a punto a perder los papeles.

—Lo normal es que hagamos todo juntos, ¿por qué quieres quedar con tus amigos y dejarme a mí sola? —contraatacaste tú.

—Hace mucho tiempo que no los he visto, ¿qué mal hago por quedar con ellos?

—¿Acaso quedo yo con mis amigas?

—Queda con ellas, nadie te lo prohíbe.

—Mira, no me parece bien que salgas por ahí sin mí. ¡Hay mucha loba suelta!

Yo movía la cabeza de un lado para otro, incapaz de comprender a qué se debía semejante celosía y afán posesivo, lo que me hacía sentir un objeto, un mero animal de compañía que tenía que estar siempre disponible y a las órdenes de su dueña, sin libertad alguna de tomar decisiones por uno mismo.

Finalmente, recuerdo que te dije:

—Te he dicho que voy a ir, si no te fías de mí, no sé que estás haciendo conmigo.

—A mí no me hables así... Tú verás lo que haces.

—¿Cómo dices?

—Que me hablas mal.

—¡Pero si aquí la única que habla mal eres tú! —protesté yo.

De repente comenzaste a ponerte más y más nerviosa, hasta que acabaste gritándome y utilizando el truco del llanto, para hacerme sentir culpable y salirte con la tuya:

—Parece que te importan más tus amigos que yo.

—Tú no estás bien —repuse yo cuando me di cuenta de que la sinrazón superaba los límites del entendimiento y nada podía hacer para que entrases en cordura.

—¿Por qué mi insultas? —increpaste—. Deberías mirártelo, porque el que no está bien eres tú. Necesitas ayuda psiquiátrica.

—¡Anda ya, déjame en paz!

—Pero ¿tú estás tonto o qué? Te he dicho que me hables bien.

—Me estás poniendo muy nervioso, quieres parar de una vez...

Y ese era el transcurrir diario de nuestras vidas, un sinsentido y un vivir rodeado de máscaras al que afortunadamente se le ha puesto fin.

Ante todo me gustaría dejarte claro que no te digo todo esto para hundirte en la miseria, sino para que aprendas a conocerte un poco más y no cometas el mismo error en tu próxima relación. Aprende a vivir tu vida sin inmiscuirte tanto en la vida de los demás: ¡vive tu vida, que los demás tienen derecho a vivir la suya propia! Cuando uno intenta vivir la vida del otro, ni vive la suya, ni deja vivir. De hecho, a veces me daba la impresión de que tu vida se basaba en controlarme a mí porque la tuya no era lo bastante interesante, de manera que toda tu atención se centraba en mí. ¡Grave error! Así nunca serás feliz, ¿no te das cuenta? Despierta, bella durmiente, despierta, que el tiempo pasa y este es irrecuperable. ¿De qué te sirve dominar a un hombre si pierdes tu vida y matas la del otro?

Bueno, Cristina, me despido con una frase que resume todo lo que te he dicho hasta el momento: ¡navegando hacia tu interior encontrarás la belleza más pura y auténtica de la creación! Así entenderás que si intentas adentrarte en el interior del otro, te quedarás en terreno de nadie, porque cada ser tiene que experimentar su propio crecimiento y desarrollo personal.

¡Hasta siempre!

Iván Martínez

Tras la leer la carta Cristina quedó conmocionada, sin ni siquiera darse cuenta del discurrir silencioso de sus lágrimas. Agazapada en la soledad de su habitación, se levantó con lentitud, se acercó hasta la ventana y corrió la cortina a un lado para dejar la mirada perdida en el horizonte, esperando que algún pensamiento actuase como la brisa marina, pudiese darle un poco de frescura y se llevase el dolor que en aquellos momentos brotaba desde lo más profundo de su corazón.

La razón pugnaba por justificar su comportamiento diciéndole que aquello pertenecía al pasado y que el destino había pagado a cada uno acorde se merecía: ella sola en su piso, e Iván disfrutando de su mujer y su hijo; sin embargo, no podía quitarse de la cabeza el dolor generado por su neurótico comportamiento, tan injustificado como hiriente. En sí, resultaba muy duro admitirlo, pero la carta reflejaba la verdad de un hombre que vivió atormentado a causa de sus delirios e incomprensión.

Cristina permaneció de pie frente a la ventana, cerró los ojos e inclinó la cabeza hasta que su frente acarició el cristal, así como su mano izquierda, mientras con su mano derecha masajeaba con delicadeza la zona que recubría su corazón, que latía con fuerza y rapidez. Por unos instantes, la culpa desapareció y la imagen de aquel Iván sonriente y bromista que un día conoció, se hizo tan presente que sintió acariciarlo de nuevo.

Los recuerdos empezaron a desfilar por su mente, despertando una leve sonrisa en sus labios. El perdón manaba con fuerza desde sus entrañas y la compasión se hacía omnipresente hacia un ser al que había juzgado injustamente y al que ahora podía ver con la ternura de una madre cuando amamanta a un hijo. No existía el rencor, ni la culpa, ni el más mínimo resquicio de deseo por recuperar al hombre que siempre amó. ¿Por qué recriminarle que un día la abandonase por otra? ¿Por qué culpabilizarle de la ruptura de su relación, cuando no era más que una persona encantadora que se merecía lo mejor? Al fin podía cerrar la puerta del pasado y afrontar el día sin odio, sin rencor, más ofreciendo una sonrisa al destino tras saber que ahora Iván era feliz, pues merecía estar al lado de la persona que le llenaba y satisfacía.

Progresivamente, el cuerpo de Cristina se iba relajando y cargándose de una paz profunda. ¡Cuánto había deseado aquel momento! La obsesión que diariamente había alimentado hacia Iván dejaba de existir y se convertía en pura amabilidad, en un deseo profundo de imaginar feliz a la otra persona, con o sin ella. ¿Qué importaba? Lo esencial radicaba en que Iván disfrutase de la vida, de su mujer, de su hijo y de todos y cada uno de sus proyectos. Si Iván era feliz, ella también lo era. Al fin y al cabo, el camino de la vida no pretendía otra cosa que la felicidad infinita; el egoísmo y el deseo de posesión no servían para nada en ese caminar.

De repente, le entraron unas ganas enormes de volverlo a ver y decirle cuánto se alegraba de que hubiese encontrado a aquella chica que había conquistado su corazón. Le instaría a presentarle a su hijo y, por supuesto, le pediría perdón por todo el daño que le había causado. También le diría que ahora tenía una amiga de verdad, pero no una amiga cualquiera, sino una de esas personas con las que poder confiar y contárselo todo. Iván merecía esa amistad a la que hacía referencia en su carta, y el mero hecho de pensarlo le reportaba una enorme satisfacción.

El repentino sonar del teléfono irrumpió la reconciliación mental que estaba llevando a cabo Cristina, presta a responder aunque ligeramente molesta por no poder saborear un momento tan íntimo como necesario. Tal fue su desazón, que descolgó el teléfono con desgana, hasta que descubrió que al otro lado del hilo telefónico se encontraba su amiga Marta.

—¿Cómo estás, guapa?

—Muy bien, gracias.

—No sé si te pillo en mal momento... —dijo Marta, al percibir un tono de voz más seco de lo habitual en su amiga—, pero me urgía llamarte.

—No te preocupes, tú nunca me molestas. Precisamente estaba viviendo unos momentos muy especiales...

—Cristina, ¿estás sentada? —interrumpió Marta, sin prestar siquiera atención a lo pretendía contarle su amiga.

—Tienes la voz temblorosa y pareces muy nerviosa. ¿Te ocurre algo?

—No sé si estarás preparada para escuchar lo que te tengo que decir —Un silencio tenebroso se apoderó de la línea, hasta que Marta suspiró y añadió—: Sé que va a ser un duro golpe para ti, pero alguien tiene que decírtelo.

La tensión que manaba de las palabras de Marta dejó preocupada a Cristina.

—¿Qué sucede? —preguntó súbitamente, consciente de que una mala noticia venía de camino.

Marta cogió aire. El fuerte nudo en la garganta le dificultaba el habla, pero tras una pausa sacó fuerzas de flaqueza y añadió:

—Iván se ha suicidado.

—¡Dios, no! ¡Nooooooo! —Cristina gritaba desconsolada—. ¡Por favor, no! —El llanto de Cristina y la amargura con la que había encajado la noticia hizo que el cuerpo de Marta fuese recorrido por un escalofrío que erizó toda su piel.

—Lo siento, cariño, lo siento.

—¿Por qué, por qué? —imploraba Cristina, incapaz de encajar el anunció de una muerte que le rasgó el alma, precisamente tras leer la carta, produciéndole mayor conmoción—. Tengo que hablar con él, ¿lo entiendes? No puede irse sin despedirse de mí.

Cristina empezó a desvariar, entrado en un estado de *shock*, aunque Marta fue inmediatamente consciente de ello.

—Cielo, tranquila, entiendo cómo te sientes y sé que teníais que hablar para sanar muchas heridas que quedaron abiertas, pero ya nada podemos hacer.

—No puede estar muerto, debe tratarse de un error.

Cristina seguía sin creerse que aquel chico con el que tanto había compartido decidiese quitarse la vida. ¿Qué iba a ser de su mujer? ¿Y de su hijo? ¿Acaso no era consciente del daño de sus acciones?

La culpabilidad empezó a hacer mella en la mente de Cristina, cada vez más ofuscada.

—Es culpa mía. Si yo hubiese hablado con él, nada de esto habría ocurrido.

—Cristina, por favor, no digas tonterías. Tú no tienes nada que ver en esto. El chico entró en una profunda depresión y en un momento fatídico tomó una desafortunada decisión.

—¿Cómo ha sucedido?

—Ayer por la tarde... Se dejó caer en las vías del tren.

—¡Joder, joder, joder!

—Escucha, Cristina, sé que necesitas despedirte de él, por eso te llamo. Si te sientes con fuerzas el entierro será esta tarde a las seis...

—Pero... ¿me acompañarás?

—No lo dudes, pasaré a por ti, bien sabes que yo también le tenía mucho cariño... En fin, corazón, aquí me tienes para lo que quieras.

En cuanto Marta colgó, Cristina se hundió en un llanto infernal, dejando caer el teléfono y pronunciando unas palabras que cayeron en el vacío de la soledad:

«Esa frase me correspondía decirla a mí..., pero ya es demasiado tarde».

La noticia produjo en Cristina tal sensación de angustia y malestar, que acabó echada en la cama y gritando con todas sus fuerzas bajo la almohada. El sentimiento de amargura que somatizó su cuerpo derivó en un malestar generalizado. De la aflicción pasó a los vómitos, y de la zozobra a una migraña de agudo dolor; pero mayor era el dolor de su alma, cuyo velo se fragmentó en añicos, igual que un vaso de cristal cuando se lanza desde la azotea de un rascacielos.

Un sinfín de preguntas acerca de la tragedia comenzaron a merodear por la mente de Cristina: ¿por qué tomó Iván tan trágica decisión? ¿Nadie se percató de su sufrimiento para echarle una mano? Preguntas sin respuesta que, en aquellos momentos, ya poco importaban, pues nada se podía hacer.

«¡Tal vez, sí exista una solución!», pensó repentinamente mientras se dirigía de nuevo hacia la ventana, abriéndola de par en par, y, como si Iván pudiese escucharla, gritó a los cuatro vientos:

—En su día te fallé y no supe darte lo que necesitabas, pero para que veas cuánto te aprecio y cómo deseo más que nunca estar a tu lado y convertirme en tu fiel amiga, abandono mi vida por ti —Cristina alzó una pierna hasta alcanzar la repisa de la ventana y añadió mientras con la otra pierna se impulsaba—: ¡Allá donde tu alma repose, allí estaré yo!

Sin apenas darse cuenta, su cuerpo volaba bajo el cielo azul. La brisa castigaba sus ojos que veían cómo su cuerpo se encogía de aflicción al disipar la fragilidad de su vida, lo que pudo ser y no fue. Segundos eternos cargados de miedo, de angustia, de soledad, de una vida que le había ganado la batalla y se rendía a la muerte. Al menos sufriría el mismo destino que aquél a quien tanto amó. Pronto estaría junto a él, para decirle aquellas palabras que la propia vida le arrebató. Una vida que consideraba cargada de injusticias, incomprensiones y miserias, pero que ahora le tocaba vivir a otros. Su tiempo era caduco como las hojas de los chopos en otoño, que regresan irremediablemente a la fuente que les hizo brotar: la tierra. En décimas de segundo pasaría de la existencia a lo desconocido, a esa noche misteriosa carente de segundas oportunidades. ¿Acaso la muerte sería un estado pasajero y dulce? ¿Qué destino podría esperarle? ¿Existiría un Dios que les concediese ese paraíso del que hablaban los cristianos o todo sería oscuridad? Pero ¿qué sentido tendría la oscuridad, la nada, la ausencia de vida? Y si en el mejor de los casos existiese ese paraíso para el alma, ¿cómo viviría en la eternidad sin ese cuerpo que dejaba en la Tierra? ¿O se reencarnaría en otro ser como pensaban los budistas? Aunque esta teoría siempre la había desechado al quedar la base al descubierto, dado que ya no sería ella misma, con lo cual el destino de esa teoría le conducía al sinsentido.

Su última sensación fue de un miedo intenso, fruto del duro castigo propiciado por su conciencia. «¡Si pudiese volver dos segundos atrás, quizás todo cambiaría!», fue el primer pensamiento fugaz que interpeló su mente con una cierta base de raciocinio. ¿Por qué tuvo que ser tan impulsiva? ¿Acaso no le había enseñado su madre a sentarse, coger aire y no precipitarse? Pero ¡nunca aprendió a controlar sus impulsos! Si hubiese entendido que en la vida no se podía tener todo en el momento y que no pasaba absolutamente nada si todas las ideas que discurrían por su mente no se ejecutaban al instante, sino cuando era conveniente, su destino sería diferente; sin embargo, su estado continuo de ansiedad le llevaba a intentar satisfacer todos los deseos que repentinamente surcaban su cerebro. Razón tenía su madre cuando le decía: «Cristina, si no tienes paciencia te perderás. No puedes estar continuamente exigiendo al otro lo que tú deseas, y menos que se lleve a cabo en tiempo record. Hija, cada cosa requiere su tiempo». De ahí la dificultad de formar una pareja estable, pues se hacía tan exigente y se cargaba de ansiedades de forma tan incomprensible para la otra persona, que resultaba muy complicado permanecer a su lado. Y aún así, siempre se sintió incomprendida. ¿No entendían que ella necesitaba tener todo bajo control y que todo fuese perfecto? Y si podía disfrutar de la perfección en ese preciso instante, ¿qué sentido tenía esperar si lo único que conseguía con ello era agobiarse y que se desatase en su mente un huracán de pensamientos que acababan atormentándola?

El impacto sería brutal, optando por cerrar los ojos, para no enfrentarse al duro asfalto que atendía con frialdad los designios de una mujer desesperada.

En milésimas de segundo pasaron por su mente multitud de imágenes, pugnando por ver cuál de ellas acaparaba el mayor tiempo posible su conciencia; sin embargo, solo tres consiguieron resaltar de entre las mismas: la imagen de su madre cuidándola con infinita ternura cuando era niña y se encontraba en cama con fiebre; la imagen de Iván, cuando le acariciaba el pelo y jugueteaba con sus mechas que se rizaban entre sus dedos mientras la miraba de forma apasionada; y, por último, la imagen de Naim, aquel hombre de semblante pacífico y sereno, cuando le hablaba con tanto cariño que conseguía que todos sus pesares se volatizaran igual que la espuma de una botella de champán, dejando tras de sí una suave sensación de paz y armonía. Si se llevaba consigo el amor recibido y el que pudo dar, al menos no se iría de vacío; aunque jamás habría imaginado que sus últimos segundos de vida estuviesen envueltos de sensaciones de amor recibidas. ¡Lástima que su impetuosidad le hubiese llevado a tomar tan drástica salida! ¿Qué hubiese ocurrido si en lugar de imitar el vuelo de las aves, se hubiese marchado a hablar con Naim y hubiese acabado el mes, tal cual habían acordado? Pregunta que ya no obtuvo respuesta: la sabia conciencia quiso perderse en la inmensidad de la noche oscura antes de producirse el impacto.

* * *

—¿Qué me estás diciendo...? —la voz de Marta se cargó de impotencia y crispación—. Mira, estoy muy aturdida, no sé si te he entendido bien porque no tengo mucha cobertura.

¿Puedes repetírmelo? —Marta escuchaba atentamente la voz entrecortada de su marido, en cuyo tono se percibía el nerviosismo propio de alguien que se muestra arrepentido—. ¿Sabes lo que eso significa?... No, no valen las excusas... Ya, tú solo te limitaste a informarme... ¿El periódico? —Marta no daba crédito a lo que estaba escuchando—. Oye, estoy llegando a la casa de Cristina y no puedo seguir hablando... Parece que ha sucedido algo, hay una ambulancia y mucha policía; luego te llamo, pero ¡me has puesto en un compromiso enorme!

Marta aparcó el coche en doble fila y se sumó a la multitud que agolpaba el cordón policial.

—¿Qué sucede? —preguntó a una señora que portaba un gorro gris y con la que se codeaba para ver lo que estaba sucediendo.

—Una mujer se ha tirado por la ventana.

—¡Dios mío!

Marta se llevó las manos a la cabeza al ver que la ambulancia estaba justo debajo del portal de su amiga Cristina, recibiendo una corazonada de lo que podría haber sucedido.

Sin titubear se saltó el cordón policial, aunque enseguida recibió una amonestación verbal por parte de un agente que se interpuso en su camino.

—Soy enfermera —increpó, intentando seguir avanzando hacia el cuerpo que yacía inerte sobre la acera y sobre el cual varios médicos de la SAMU se agolpaban de forma vigorosa.

—Lo siento, no puede pasar —respondió con firmeza el policía—. Tenemos a un equipo médico ocupándose del caso; así que, le ruego se ponga tras el cordón como todo el mundo.

—Necesito saber quién es la persona que ha sufrido el accidente... Tal vez se trate de una amiga mía. Por favor, ¿puede confirmarme si el nombre de la chica es Cristina García?

—Desconozco por completo la identidad de la víctima.

El policía acompañó a Marta hasta la zona acordonada, asegurándose de que ésta salía por donde había entrado.

—Vaya dos días negros está viviendo el pueblo —expuso acongojada la mujer del gorro gris.

Marta se mordió los labios. Deseaba con todas sus fuerzas que no fuese su amiga Cristina la persona que había cometido aquella locura.

—¿La conocía? —preguntó la mujer, al ver la cara de preocupación de la joven de ojos llorosos.

—Es posible.

—No desespere —intentó animar la mujer—, tal vez no se trate de quien usted cree. Sin ir más lejos, mire el caso de ayer, ¿se ha enterado, verdad? —Marta asintió con la cabeza—. Todo el mundo pensaba que se trataba de un joven llamado Iván, cuando el tren descuartizó al vagabundo que le había robado la cartera. Dicen que esta mañana casi le da un infarto al pobre tras ver su nombre en la esquela del periódico. ¡Ni siquiera se había percatado de que le habían robado la cartera!

—¿Y no saben llamar a los familiares y cerciorarse del asunto antes de anunciar el acontecimiento en el periódico?

—Más les valdría —dijo la mujer asintiendo con la cabeza—, pero ya sabe que las noticias se filtran en la prensa con una rapidez asombrosa, sobre todo cuando lo único que les importa es ofrecer una noticia que conmocione al pueblo y así vender más ejemplares. ¿Acaso no nos tienen acostumbrados a vivir entre montañas de mentiras?

—¡Patético! Sin duda, un error merecedor de cárcel.

6

El sueño se convirtió en el peor enemigo para Marta, cuyo único escudo protector se convertía en la lectura de un libro que había cogido de su biblioteca, consciente de que las horas en los hospitales pasaban con extremada lentitud.

—¿Alguna novedad, Marta? —preguntó la enfermera, que hacía su riguroso turno de vigilancia.

—No, ninguna. Todo sigue igual.

—¿Por qué no te vas y descansas un rato?

—Esta noche no quiero dormir —replicó Marta, dejando su libro sobre su regazo y levantando su mirada hacia los ojos de una compañera de trabajo con la que tantas horas había compartido, aunque en esta ocasión estuviesen en esferas muy distintas: la una cumplía con sus obligaciones laborales, mientras la otra adoptaba el duro papel que sufre el acompañante de la persona hospitalizada—. ¿Te imaginas abrir los ojos y no ver a nadie a tu lado que te coja de la mano o simplemente te susurre unas palabras de ánimo? Pero... ¿sabes qué es lo peor?

—No —repuso la enfermera, quien optó por sentarse en la butaca de al lado de su compañera, presta a escuchar y compartir el dolor que invadía el alma de una mujer a la que siempre había conocido alegre, por lo que lamentaba verla completamente derruida, tan abatida por el devenir de su mejor amiga, que hasta podía palpar la tristeza que manaba de su corazón.

—Que si muere... será por mi culpa —expuso con una mirada de compasión y ternura hacia Cristina, quien yacía sobre su lecho con un brazo escayolado y en un estado de coma profundo.

—Marta, no te culpes.

—Así es —Sus ojos brillaban con la intensidad del mar azul en un día nublado, enmarcados en la desesperación al perderse por el horizonte—. Yo la llamé informándole de que su exnovio se había suicidado sobre las vías del tren, por ello decidió seguir su mismo camino.

—Pero ¿no se trataba de un pobre vagabundo?

—Sí..., hubo una confusión..., pero cuando me enteré de ello ya era demasiado tarde.

«¡Iván está vivo! ¡Gracias, gracias, gracias! Esa noticia alienta mi alma, revivifica mi espíritu, sacia mi sed de esperanza e irradia luz en esta noche oscura en la que me hallo presa. Si tuviese que pedirle un deseo a la vida, ya se me habría concedido. Ahora tan solo me queda esperar los designios de esta misteriosa vida y que deseo con todas mis fuerzas volver a saborear algún día».

—Estoy convencida de que se pondrá bien... No creo en las casualidades de la vida. Si en aquel preciso instante en el que decidió lanzarse al vació tuvo que pasar un coche por allí y caer sobre su capó, amortiguando de este modo su caída, es porque todavía no era su hora. ¿No crees?

«¡No recuerdo absolutamente nada! Ha sido como caer en un sueño profundo en el que dejas de existir y, de repente, despiertan tus oídos, pero no tu boca ni tu cuerpo, permaneciendo atrapada en el interior de tu propia carne, de tu propio yo, como una escafandra».

—No sabría qué decirte —respondió Marta—. Bien es cierto que tiene muchas probabilidades de despertar, pero no podemos descartar que cuando lo haga tenga que sufrir una más que probable tetraplejia. Los médicos no son muy optimistas al respecto, pues aparte de romperse el brazo, es muy probable que tenga dañada la médula espinal.

«¿Me he roto el brazo y me voy a quedar en una silla de ruedas para siempre? ¡Por Dios, eso no! —el alma de Cristina gemía de aflicción y consternación—. ¿Cómo es posible que siempre estuviese lamentándome por aquello que no tenía, y ahora solo desee recuperar lo que perdí?».

—Precisamente, tú y yo sabemos que no es bueno realizar conjeturas antes de hora.

El sonido del busca alertó a la enfermera, viéndose obligada a dejar de forma precipitada a su compañera y amiga, no sin antes despedirse con una mirada comprensiva y respetuosa, con el fin de mitigar tanto pesar.

Marta se acercó a la cabecera donde Cristina permanecía inmóvil, rodeada de tubos y goteros que conseguían mantener el pequeño hilo de vida que le quedaba.

—No te puedes ni imaginar cuánto me duele verte en esta situación —susurró Marta al oído de su amiga, mientras acariciaba su cabello con ternura—. ¿Recuerdas todas las veces que hemos salido juntas y lo bien que lo hemos pasado? ¡Cuántos recuerdos inolvidables! ¡Cuántos momentos épicos hemos compartido! Solo espero que algún día podamos repetirlos, porque eso significará que te habrás recuperado.

El empeño de Cristina por mover un dedo, que hiciese saber a Marta que la escuchaba, resultó en vano. Su cuerpo no respondía a ningún estímulo, era como si sus músculos se hubiesen petrificado y solo respondiesen a la vida sus oídos, su pensamiento y su propio ser.

Marta se sobresaltó ante la entrada abrupta de la madre y el hermano de Cristina, que acababan de llegar de Alicante.

—¡Hija mía! —gimió la madre, lanzándose a sus pies con verdadero sentimiento.

El hermano no pudo hacer otra cosa que girarse, cubrirse la cara con el brazo y llorar amargamente ante aquella escena desgarradora. El estado tan deplorable que mostraba su querida hermana le conmovió de tal manera que, por unos instantes, le resultó imposible mantener la mirada sobre la misma.

Marta tuvo que intervenir, no como amiga y visitante, sino desde la profesionalidad que le caracterizaba cuando ejercía su profesión, aunque en aquellos momentos no llevase uniforme ni le correspondiese el turno de noche.

—María, su hija está en niveles constantes. Ha perdido el conocimiento quedando en coma, pero de un momento a otro despertará.

María, sin embargo, no reaccionó ante aquel mensaje tranquilizador. El *shock* de la noticia y el contraste tan fuerte de la última imagen que conservaba de su hija, radiante y guapa, al estado vegetativo y lastimoso con el que se encontró, fue demasiado brusco para asimilar en tan poco tiempo.

Javi respiró con profundidad, intentando rehacerse del duro golpe recibido. Su hermana no podía levantarse para besuquearle como siempre hacía cada vez que le veía, de modo que la impotencia se adueñó del momento presente.

María, consciente del golpe emocional que tanto la madre como el hermano habían sufrido, intentó reanimarles adoptando de nuevo su rol de profesional:

—Cristina lo está haciendo fenomenal, sus constantes vitales están perfectas y para nuestra tranquilidad, decir que de momento está fuera de peligro; aunque no sabemos si despertará esta noche, mañana o dentro de unos días. Por cierto, no os he preguntado qué tal el viaje. ¡Habéis llegado muy rápido!

—Gracias, Marta —intervino Javi, capaz al menos de articular alguna palabra, dado que su madre seguía sin asumir la nueva realidad a la que se estaba enfrentando—. Hemos cogido la autopista y no he mirado el cuenta kilómetros, solo sé que el coche no daba más de sí. Simplemente pedirte disculpas por no haber llegado antes, pero es que el móvil y yo somos malos amigos y no me había percatado de tus llamadas ni de las de mi madre hasta que llegué a casa para cenar.

—No te preocupes, yo tampoco soy de móvil.

«No llores mamá, que me da mucha pena escucharte así. Por favor, no llores más que se me parte el alma».

Los pensamientos de Cristina parecieron tener el efecto deseado, donde la magia que existe entre madre e hija se funden de forma inexorable, como gotas de agua cuya unión las hace más fuertes y más bellas.

—Cariño, todo saldrá bien —expresó al fin María con convicción, recuperando esa fuerza sobrenatural que solo poseen las madres y que es capaz de reconquistar una fortaleza que estaba siendo atacada y destruida, para cerrar las compuertas y morar vigilante en lo alto de las almenas, cuya mera presencia invoca seguridad y poderío.

La noche transcurrió con relativa serenidad. El viento golpeaba con fuerza la cristalera de la habitación, cuyo poder sucumbía ante los rayos de sol, que sin complicaciones atravesaban los cristales y dejaban el calor de su presencia, tan acogedora como inocente, con la misión de radiar un haz de esperanza.

Marta fue la primera en levantarse. Su tiempo de visita había concluido, muy a su pesar, para dar paso al trabajo, tan cercano que solo el cambio de hábito diferenciaría su estado. Estaba rendida, no había pegado ojo en toda la noche y sus pronunciadas ojeras lo corroboraban. Sin duda, se acercaba una de esas jornadas teñidas de gris, donde el cansancio y la preocupación se unían para amordazar a la vitalidad. Afortunadamente, el hecho de tener un jefe completamente distinto al de Cristina, que nada tenía que ver con la soberbia que el viejo periodista mostraba de forma tan vil que hasta su propia sombra se sacrificaba para aguantarlo, le daba cierta tranquilidad. De hecho, el doctor Ramos acabaría concediéndole, sin necesidad de solicitarlo, la mañana de descanso, consciente del trabajo no remunerado que había realizado durante toda la noche. Detalle que Marta agradeció enormemente, porque necesitaba echarse y descansar.

Serían sobre las diez de la mañana, cuando la habitación se cargó del aroma fresco de las flores que un desconocido llevaba con extremado cuidado.

—Buenos días. ¿Puedo pasar?

María, que estaba sola en la habitación porque Javi se había bajado a la cafetería a desayunar, asintió con la cabeza, lanzándole una sonrisa de bienvenida, al ver que un amigo de Cristina se había molestado en traer un precioso ramo de campanillas de invierno, símbolo de la esperanza, y cuyos pétalos de color blanco inmaculado emanaban la misma pureza que mostraban los ojos de su portador.

—Adelante —dijo María, cogiendo las flores que aquel hombre le ofrecía—. ¿A quién tengo el grato placer de darle las gracias?

—A Naim, señora.

«¡Naim! ¡Qué ilusión, has venido a verme! Siempre tan detallista y cercano. No sabes cómo lamento no poder acabar el precioso mes que teníamos por delante. Mi impulsividad volvió a hacer acto de presencia, pero esta vez con graves consecuencias».

María colocó las campanillas de invierno sobre la mesita de noche situada al lado derecho de la cama, impregnando la habitación de su esencia.

—Son preciosas. Muchas gracias.

—No tenía constancia del accidente de Cristina. Me he enterado de pura casualidad a través de la prensa —Naim se dirigió hacia la cabecera de la cama, cogió la mano de Cristina y se dirigió a ella como si realmente supiese que podía escucharle—. ¿Acaso pensabas que te ibas a librar de mí? —El cariño con el que le hablaba era tan jovial que hasta María se sintió reconfortada—. Bien, sabes que tenemos un trabajo pendiente y he venido a continuarlo. ¿Te parece?

La noticia colmó de ilusión a Cristina.

«Estoy impaciente. Pero ¿cómo haremos, si no puedo ni pestañear?».

María no se atrevió a preguntar nada al nuevo invitado, simplemente intuyó que debía dejarles solos.

—Como veo que Cristina está en buenas manos, aprovecharé para irme a tomar algo con mi hijo que está abajo en la cafetería.

—Estupendo, vaya y descanse un poco. Si le parece, puedo visitarla todos los días a estas horas y darle al menos media horita de descanso para hablar de nuestras cosas —repuso Naim, dejando entrever el tiempo que le gustaría permanecer a solas con Cristina—. Estoy convencido de que me puede escuchar —concluyó.

—Gracias, Naim —añadió María, enfilando el pasillo un poco más animada. No sabía si eran las flores o si se trataba de la visita del que parecía ser el novio de su hija, pero fue como recibir una inyección de moral que le hizo cambiar hasta la expresión de la cara.

—Como te decía, Cristina —prosiguió Naim—, seguiremos la misma dinámica que la semana pasada, pero esta vez seré yo quien te lea los textos, dado que en estas circunstancias estás incapacitada para leer y escribir. Entonces, ¿cómo escribirás tus memorias? Muy sencillo, en esta ocasión las escribirás en tu corazón. Te imaginarás una libreta y escribirás con tu propia mente aquello que desees. ¿Entiendes? La única diferencia es que no quedarán reflejadas en un papel, pero lo podrás hacer más adelante porque estoy convencido de que al menos recordarás los aspectos más importantes. Y no olvides dar tus paseos diarios, es decir, tu mente no tiene limites, ni barreras, ni fronteras, de manera que plasmarás en tu imaginación aquel lugar que quieras visitar y lo describirás con tanto realismo que incluso percibirás la brisa del viento y los rayos del sol, como si presente te hallases. Además, el otro aspecto importante, el silencio, creo que no será necesario recordártelo ni hacer hincapié sobre el mismo, pues veo que te lo has tomado muy en serio —bromeó Naim, intentando quitar hierro a la situación y omitiendo cualquier tipo de reproche o juicio al acto que acababa de leer en el periódico y del cual era más que consciente de que Cristina estaba pagando un alto precio a su osadía. Si algo sabía necesitaba aquella mujer eran palabras de comprensión.

«Vale, me parece fenomenal».

Día 8

Hoy me siento con los brazos alicaídos. Supongo que es la impotencia de no poderme mover y permanecer encerrada en un cuerpo al que ahora ni siquiera me pertenece, pues no tengo control sobre él. Aun así, me sorprende que pueda hacer tantas cosas con lo único que me queda: mi imaginación y mi pensamiento. Me he sentido como aquellos pescadores que regresaron con las barcas vacías y bajaron de las mismas desesperanzados, hasta que se encontraron con Jesús, quien se subió a una de sus ellas y les pidió que se apartasen un poco de tierra. Era como si el mismo Jesús me invitase a tomar distancia del mundo para dejarme enseñar por Él, que según Naim está conmigo.

Una de las cosas que más me ha sorprendido de las lecturas, que a mi deleite he podido escuchar sin problemas, es ver cómo aquellos pescadores, después de obedecer a Jesús y regresar con una pesca suculenta, deciden dejarlo todo para convertirse en discípulos suyos. ¡Qué coraje y cuánta valentía! ¿Qué verían en aquel hombre para ser capaces de dejarlo todo y arriesgarse a seguir a un desconocido? ¡A mí también me gustaría hacer lo mismo! ¡Qué apasionante aventura!

Ayer, cuando cometí la osadía de imitar el vuelo de las águilas, por no decir otra cosa, dejándome llevar por mi estado ansiolítico, del cual pensé me había recuperado, me sirvió para darme cuenta de que mi cruz sigue ahí, por más que no quiera verla. A base de errores, voy aprendiendo más acerca de mi condición de humana, pero no por cambiar la cruz iba a estar exenta del sufrimiento que conlleva el ser humano de por sí, dado que el camino de la vida está lleno de cruces. Como diría Naim: «Abraza a tu cruz, porque no hay más misterio. Mejor es aceptarla, que no rebelarte contra lo que siempre va a estar ahí, por más que lo detestes».

Acorde a las pautas que me ha dado Naim, he intentado dar un paseo virtual. Me he imaginado que estaba caminando por las montañas de Los Pirineos. Sentía que el viento acariciaba mi piel, los árboles custodiaban mi camino, mientras los pájaros recitaban sus mejores melodías a mi paso. ¡Y he podido sentir cómo la desolación se iba transformando en paz! Además, he tenido tiempo para pensar y visualizar mi trabajo, el cual me repugna cada día más, pues la tiranía de Alberto y la falsedad de la mayoría de mis compañeros convertían ese escenario laboral en un valle de lágrimas, donde la hipocresía, la mentira y la apariencia eran el telón de fondo de una función en la que me siento como espectadora, no como actriz de mi propia vida. ¡Maldita hipoteca! Si no tuviese deudas no volvía a poner un pie en aquel antro, y si lo hiciese sería para plantarme delante de Alberto y decirle que es una de las personas con más malicia que he conocido en toda mi vida. Mi único consuelo es pensar que de un fracaso inicial se puede obtener un éxito posterior.

Tras mi particular paseo, me he deleitado en las palabras de Naim: «Lo propio del espíritu de Jesús es dar alegría y gozo, no tristeza. Gran verdad que a veces acabamos tiñendo con las falacias que a veces nosotros mismos elaboramos como mecanismo de defensa y de supervivencia. Ten en cuenta que las palabras que no van seguidas de actos coherentes, no son más que mentiras disfrazadas de princesa. Por ello conviene no andarse con sutilezas o razones aparentes, porque nos estamos engañando a nosotros mismos y a los demás».

He aprendido lo importante que es la forma que utilizamos para expresar el lenguaje. De hecho, no me había percatado de que cuando necesitamos decirle algo a alguien que nos impone respeto, recurrimos al recurso de la sutileza y le damos mil vueltas al asunto para no ofender al otro; sin embargo, cuando tenemos que hablar con alguien al que no tememos, bien porque nos sentimos superiores o bien porque no nos supone ninguna amenaza, somos muy directos y no nos andamos con rodeos.

Gran lección la que he interiorizado hoy, porque toda mi vida he desempeñado la profesión de sepulturera de palabras, no teniendo la valentía de decir lo que realmente pensaba por miedo al qué dirán. ¡Maldita sea, si salgo de ésta lo primero que voy a hacer es plantarme delante de mi jefe y darle un repaso que se le van a quitar hasta las arrugas de la cara!

Día 9

¡Qué extraña situación la mía! Cuando duermo, parece que durante el sueño profundo me encuentre en el vacío existencial. Si ya no volviese a despertar, seguiría durmiendo en la nada. ¿Y qué pasó durante ese tiempo? Que, me guste o no, la Tierra seguía girando igual. Millones de personas continuaban con sus quehaceres diarios, mientras yo permanecía inconsciente al devenir del mundo. Es entonces cuando pienso: ¡qué poquita cosa es el ser humano y qué efímera es la vida! Aunque más extraño es despertar de forma totalmente ajena a mi voluntad, pero no teniendo un despertar normal en el que abres tus ojos y vuelves a saborear la vida, sino que se trata del despertar de mis pensamientos, de mi conciencia, que se ponen en funcionamiento bajo la oscuridad de mis ojos. ¡Qué miedo me da el pensar en la nada, en la no-existencia! Jamás me había sentido tan cerca de la muerte, de ese misterio infinito del que nadie sabe con certitud qué se encuentra en ese más allá.

Los cristianos creen que con la muerte del cuerpo se libera el alma para fundirse con el Creador y vivir, según Jesús, en el paraíso. Es curioso que la tradición nos cuente que Jesús se hizo hombre siendo Dios, y que se hizo pequeño para más amarle y seguirle. Pero ¿qué pasa si Jesús era un pobre loco? De hecho, los esquizofrénicos, cuando quieren transmitir algo que no es más que parte de su locura, hablan con tal confianza y certitud, que incluso parece que hablen con conocimiento de causa. Tal es así que existe quien cree en los ovnis, dado que muchos esquizofrénicos han convencido a personas normales de sus paranoias. De hecho, son millares de personas las que han creído a algún extravagante que ha salido por la televisión diciendo que ha sido raptado por extraterrestres o que ha visto un platillo volante, de manera que, luego, ante cualquier destello piensan que también han visto uno de esos vehículos alienígenos. Por tanto, ¿qué pasa si Jesús era un pobre paranoico con una enorme personalidad que simplemente supo manipular y convencer a los más indefensos y desfavorecidos? ¿Y si aquellos que escribieron la Biblia no eran más que los súbditos de los reyes y estos últimos inventaron el cristianismo con tal de atemorizar al pueblo para aprovecharse de él, a través de una doctrina que mantuviese sumisos a los hombres? Tal vez no sea descabellada esa teoría, dado que la aristocracia era rica en sabiduría y como su único fin no era otro que vivir a todo lujo a costa de los más débiles, como en la actualidad hacen los políticos y reyes, pudieron de este modo manipular la historia de un hombre para concienciar al resto de que fuesen buenos y sumisos. Sin duda, una forma muy económica y sencilla de controlar al pueblo para concienciarles de que fuesen buenos y misericordiosos, además de hacerles creer que si ellos tenían poder era porque provenía de lo alto. De ahí la invención del cielo y el infierno, donde la propia conciencia, una vez instaurada dicha teoría, actuaba por sí misma para apaciguar el comportamiento del individuo, sin necesidad de utilizar la fuerza mayor. De tal modo que esa doctrina se convertía en el arma más poderosa para realizar la conquista de un pueblo con el menor derramamiento de sangre posible, dado que los cristianos tienen prohibido matar o empuñar las armas. ¿O por qué los europeos, cuando conquistaron América, se empeñaron en imponer el cristianismo a los indígenas a base de pólvora y espada? Imagino que para los nativos carecería de sentido ese Dios que traían unos hombres cuyo único fin se basaba en robarles su patrimonio a través de la fuerza. Para colmo, encima lo hacían utilizando a estos pobres hombres como obra de mano barata o incluso como esclavos, además de aprovecharse de sus mujeres que violaban sin pudor alguno para saciar sus apetencias sexuales. ¿Y luego les hablaban de un Dios misericordioso y bueno, que principalmente amaba a los pobres y a los humildes, aunque justiciero con aquellos que no cumplían sus mandatos? ¡Vaya Dios les llevó Cristóbal Colón y compañía! Sin duda la mejor estrategia ofensiva jamás inventada, propia de un general.

Independientemente de las diferentes teorías que me han ido surgiendo a lo largo de la mañana, y que me gusta escribir en mi libreta ilusoria, todo cambia con la presencia de Naim, quien va profundizando más y más sobre la vida de Jesús. Al menos es alentador el saber que el objetivo del conocimiento de Jesús, no es el de imitarle, algo que, por cierto, creo que es totalmente imposible, sino de dejarse contagiar por sus sentimientos. ¡Qué bella frase cuando dice!: «Yo no he venido a juzgar, sino a dar vida». Y ahí me doy cuenta de cuántos hombres han utilizado a Jesús o a Dios para su propio beneficio, ya que el Dios de Cristóbal Colón o el que utilizó la Iglesia en la Inquisición nada tenía que ver con el Padre Todopoderoso del que hablaba Jesús. El Dios de los fundamentalistas islámicos, nada tiene que ver con el Alá amor del Corán. Y la propia historia nos muestra que las religiones van cambiando y que ninguna se adapta a la realidad, a los hombres. ¿Qué ha sido de las religiones politeístas? ¿Por qué todas las religiones se empeñan en ser las únicas verdaderas y se afanan en conseguir nuevos fieles, no dejando libertad al hombre para decidir por sí mismo cómo quiere forjar su camino? ¿Qué hombre tiene potestad para imponer a otro lo que tiene que creer y cómo ha de dirigir su vida? Más valdría que cada cual se preocupase de lo suyo, que si ese tal Dios existe, ya se encargará Él de tocarle el corazón a sus criaturas sin necesidad de que se vea coaccionada su libertad a través de la imposición del miedo. ¿Por qué no se predica con el ejemplo?

Me viene a la mente el caso de una directora de un colegio que entrevisté hace cuatro años con motivo de la semana cultural que celebraban en su centro. Me atendió con una amabilidad exquisita, mostrando una simpatía fuera de lo común. Aparentemente tuve la impresión de hablar con una mujer inteligente, que dejaba constancia de lo orgullosa que se sentía por cómo funcionaba el centro que dirigía, por ello le hice un fantástico reportaje que salió en primera plana. Pero si hubiese sabido todo lo que ocultaba aquella fachada, ¡no le habría escrito ni una insignificante línea! Cuan decepcionada me quedé al encontrarme con un maestro amigo mío que se vio forzado a abandonar dicho centro por culpa de la víbora que se escondía bajo aquella piel de cordero. Me contaba que aquella joven directora alardeaba de ser creyente, ir a misa y pertenecer a un grupo cristiano, cuya misión consistía en plasmar la vida de Jesús en su vida cotidiana. Sin embargo, aquella mujer llevaba una doble vida de la que casi nadie era consciente, pues gritaba a los niños como una energúmena y agredió alguno que otro, como en una ocasión que le hizo una brecha en la cabeza a un pobre e indefenso niño de segundo de Primaria. Asimismo, faltaba el respeto y humillaba a aquellos profesores que no eran de su agrado, creyéndose que tenía autoridad para hacerlo. También me contó que era una estratega nata y dominaba a la perfección el arte del escaqueo. Tal era el caso que utilizaba su poder para explotar al personal obligando al claustro de profesores a trabajar horas extras tras su jornada laboral, sábados inclusive, cuando fue necesario realizar el traslado de edificio que sufrió el centro, mientras ella se quedaba en su despacho jugando al ordenador al juego del Buscaminas o hablando por teléfono con su novio de Sevilla. Me decía mi amigo, totalmente indignado y con razón, que no fue capaz de mover una silla, mientras el resto de profesores sudaba la gota gorda para mover pesados armarios y cajas enormes, no teniendo piedad siquiera de una maestra embarazada y que forzó a empaquetar toda su clase. ¡Lamentable! Solo con esos detalles, ya me indicó el monstruo de quien tan bien hablé en su día. Por ello recuerdo textualmente las palabras de aquel buen amigo mío al desahogarse y contarme el calvario que sufrieron: «Esa mujer es un monstruo, pues como no tenía nada que hacer porque había delegado todas sus responsabilidades en otros maestros para que hiciesen su trabajo, cuando se aburría le daba por hacer alguna que otra manualidad: como aquella vez que recortó fotografías de los maestros y las pegó sobre una cartulina dibujando corazones entre aquellos profesores que no se llevaban muy bien, para colgar el cártel en la sala de profesores y así fomentar las disputas entre ellos y reírse a su costa. Para colmo prohibía a los maestros relacionarse en el patio y así impedir que hablasen entre ellos, con el único fin de no darles pie a unirse en su contra y poder manejarlos a su libre albedrío, evitando de este modo que la sangre llegase al río. Ávida en exigir, pero durante varios años tuvo la desfachatez de llegar tarde al trabajo porque a la señorita le costaba mucho levantarse, o con toda la cara del mundo se cogía libre los viernes para irse a Sevilla y aprovechar así el tiempo de visita con su querido novio, diciéndole a su Jefe de estudios: «Convendría que yo no apareciese en el parte de faltas», garantizándose de esta forma que desde inspección no sospechasen de sus escarceos. Después llegarían los típicos favoritismos propios de los dictadores: aquellos que comían sopa en sus manos, les daba días libres para irse un día de vacaciones con las amigas o correr una maratón o mil historias más, mientras que aquellos que no le levantaban un altar a su paso, si en alguna ocasión faltaban porque tenían a su hijo enfermo, les descontaba aquellas horas de su nomina. Pero lo hacía de forma tan sutil y a través de la manipulación que ejercía sobre su Jefe de estudios, que ella nunca quedaba mal; de manera que si algo no funcionaba, siempre tenía la excusa perfecta para culpabilizar a otros, porque ella jamás daba la cara. Sin embargo, el escaparate lo tenía reluciente, ya que trabajaba para la galería, haciendo muchas fiestas y elaborando bonitas revistas escolares, así pasaba desapercibido el enorme fracaso escolar al que lógicamente estaban expuestos los niños al perder tantas horas lectivas en preparar espectáculos y actuaciones para padres. Además, era una mentirosa compulsiva, ponía en boca de otros los insultos e injurias que ella quería decirte, o rajaba por la espalda al personal que temía pudiese hacerle peligrar su cómodo sillón o que pudiese descubrir su incompetencia, pues no era más que una enchufada de la administración elegida a dedo por un inspector amigo de sus padres».

¡Habrá mujer más miserable, tramoyista e hipócrita que esta directora, cuya maldad roza lo inhumano! ¿Me pregunto de qué le servía el ir a misa y glorificarse por ser creyente si luego se comportaba como una farisea? ¿Por qué presumía de ser cristiana, si encima difamaba de aquellas personas que no le seguían la corriente y no aceptaban su régimen, haciéndoles un daño irreparable porque era capaz de tergiversar todo con sus armas letales de mujer? Con ejemplos como este: ¡es imposible creer en nada ni en nadie! Menos mal que Naim me está ofreciendo una manera respetuosa, libre y neutra de conocer la vida de Jesús, la cual me sigue cautivando, porque veo el verdadero rostro de Jesús, y no la falsedad de aquellos hombres y mujeres que utilizan su nombre buscando su propia complacencia o vanagloria.

De entre las lecturas que hemos trabajado, me han gustado mucho las palabras que le dirige el ángel a María en la Anunciación: «No temas».

¡Qué importante es no tener miedo! Cada vez soy más consciente del triunfo que supone el conquistar el territorio que el miedo intenta ocupar en nuestras mentes. Por ello he anotado en mi libreta virtual, cada una de las palabras con las que Naim alimentaba mi espíritu:

«El miedo te paraliza, te bloquea y te aleja de la esencia de tu ser. El miedo te roba la paz interior que, para mí, es el mejor barómetro que te indica si realmente eres feliz o no. Una persona que tenga miedo, será incapaz de adquirir un desarrollo personal porque el bloqueo le impide seguir avanzando en la vida. ¿Y qué es la vida? La vida es como un teatro: se abre el telón, subes al escenario y empieza la función. Cada escena es distinta y en cada acto te relacionarás con distintos personajes. Algunos permanecerán más tiempo contigo e incluso habrá quien continúe en la siguiente escena a tu lado; mientras, otros, quedarán atrás y no volverán a aparecer. Pero ¿sabes qué es lo peor de todo? Lo peor es, sin duda, vivir como espectador de tu propia vida, porque entonces no te das cuenta de que se te pasan los días y no te enteras de que estás viviendo. ¿Por qué? Porque ese miedo hace que otros vivan la vida por ti: te acomodas a las exigencias de tus padres, de tu pareja o de tu propio jefe. Familia y trabajo, donde más tiempo invertimos a lo largo de nuestras vidas. Por ello pienso que debemos delimitar muy bien nuestro espacio personal. En cuanto se invade o te dejas invadir, comienzas a perder el control y caes bajo la dominancia y exigencias del otro, que pueden hacerte sentir tan mal que dejas de ser tú mismo por el mero hecho de complacer al otro. En el momento en el que sientes que no eres tú, pasas a ser espectador, te sientes incómodo con tu ser y la frustración aflora en ti. ¿Qué está pasando? Simplemente que tu cuerpo y tu espíritu te están informando de que hay algo que tiene que cambiar, que no estás siendo auténtico, bien porque te has puesto una máscara y estás representando a un personaje que no eres tú, con lo cual no disfrutas de la función, o estás siendo espectador de tu propia vida. Y cuando uno no es auténtico, no tiene autoestima, porque tu yo real y tu yo idea distan años luz de separación. Es en la fusión del yo auténtico, con el yo idea y con el yo ideal, cuando uno es verdaderamente feliz y alcanza un alto estado de autorrealización y desarrollo personal, ya que si vives de ideales es que no vives en la realidad y cuánto más te alejas de ella, más problemas psicológicos aparecen en tu mente y en tu persona.

»¿Y cómo se consigue ese estado de autenticidad? En primer lugar, uno tiene que conocerse verdaderamente. ¡No, si yo me conozco perfectamente!, es el autoengaño que nos podemos lanzar; pero el autoconocimiento es un trabajo de años, es un estado de *mindfulness* y *awareness*, es decir, de conciencia plena, que te permite saber las razones que te llevan a actuar de cierta manera en un momento dado, y por qué te sientes de esta forma o de otra en todo tipo de circunstancias.

»Para adquirir plena conciencia de uno mismo es fundamental el silencio y la meditación, además de las relaciones interpersonales.

»En conclusión, lo importante es disfrutar en cada acto del "teatro de la vida", antes de que el telón se cierre y ya no puedas hacer nada; y si no eres la protagonista de tu vida, plantéate por qué no lo eres, rompe las barreras, los miedos y búscate a ti misma».

¡Qué ganas tengo de llevar a la práctica cada una de estas palabras y salir al escenario como la protagonista de mi preciosa obra! ¡Ya está bien de ser espectadora! ¡Quiero vivir con espontaneidad y romper los bloqueos provenientes de mi rigidez y falta de libertad!

En fin, para cerrar el día me gustaría hacer mención a la lectura que versaba sobre el nacimiento de Jesús. Me ha conmovido porque fue francamente humilde y sencillo: ¡en una cuadra rodeado de animales y sus heces! Ejemplo práctico y real en nuestros días, ya que en muchos lugares siguen naciendo niños bajo nuestro desamparo. Valoramos, reverenciamos y admiramos al rico, pero despreciamos al pobre.

Día 10

Las horas siguen pasando y por más que intento abrir los ojos, sigo sin poder hacerlo. Afortunadamente, siento la presencia cercana de mi madre, de mi hermano, de Marta y de Naim, pues son las únicas personas que se dignan a visitarme. ¿Dónde están mis compañeros de trabajo? Ni siquiera Concha se ha molestado en asomar la cabeza por aquí. Situación que veo he provocado yo misma, pues llevo mucho tiempo encerrada en mí y en mis circunstancias personales, triste y abatida, con lo que ahora recojo lo que he sembrado: si no hay semillas, no hay frutos. De hecho, Naim me ha dado varias claves que pueden ayudarme en este sentido. Me explicaba que las cosas que hacemos no se hacen para buscar aprobación, sino que debemos llevarlas a cabo de forma totalmente desinteresada y por amor, sin esperar nada a cambio, refiriéndose en este caso a las alabanzas que tanto nos gustan, dado que un aplauso conlleva la necesidad de recibir otro a posteriori; puede que incremente el ego, pero es como una borrachera: al principio te da la subida, pero, luego, le sigue un bajón que te deja incluso peor que en primera instancia. Más efectivo resulta buscar los pequeños gestos: humildes, sencillos y anónimos, como hacía Jesús. Precisamente lo contrario que nos enseña el mundo, cuya búsqueda de prestigio solo conduce a la insatisfacción y al vacío. Por ello Naim hace hincapié en lo importante que es contemplar la vida de Jesús, porque cuando tenga que tomar alguna decisión importante me saldrán sus actitudes y me preguntaré de forma automática: ¿qué haría Jesús en mi lugar? «Si actúas como él —decía Naim—, tienes garantizado conquistar el mayor premio al que podemos aspirar: la paz».

Significativa y de mención ha sido una de las contemplaciones en las que, tras la lectura, tenía que visualizar a Jesús en su niñez y en su temprana juventud. He de confesar que tras realizar un tercio de los ejercicios y pasar tantas horas junto a él, no me ha resultado difícil descubrir cómo era.

Yo creo que Jesús, cuando era niño, sería líder de forma natural por su jovialidad. Capaz de jugar y relacionarse con aquellos niños con madera de liderazgo, así como con aquellos que fuesen rechazados por sus iguales.

En casa sería un niño disciplinado y atento con sus padres, quienes estarían enormemente agradecidos al sentirse tan honrados, y felices al disfrutar de la alegría que emanaba su mera presencia.

Luego, cuando creció, estoy convencida de que enamoraría a muchas chicas, pero él les diría: «Mi misión es otra, y si estuvieses conmigo sufrirías», cuando era muy consciente de cómo iba a acabar su vida.

Un joven, como cualquier otro, que asistía a todo tipo de fiestas y se divertía con sus amigos bebiendo vino y bailando, charlando y compartiendo sus inquietudes.

Imagino que mucha gente iría a pedirle consejo y siempre tendría tiempo para escucharles. Su lema sería: «Las personas primero, el trabajo después».

Respecto a su trabajo, no tengo la menor duda de que era un trabajador eficiente, honrado y detallista. Seguro que en la carpintería recibía a sus clientes con un vaso de vino y se sentaba a hablar con ellos para echarse unas risas juntos.

Si alguien le pedía limosna, estoy convencida de que siempre tendría palabras de vida para compartir y mover así aquellos espíritus abatidos contaminados por la pereza o por la pérdida de esperanza, tan debilitados que para no perecer alzaban grandes murallas a su alrededor, razón por la cual no podían avanzar ni mirar hacia delante.

Jesús no tendría el más mínimo apego: ni al dinero, ni a su trabajo, ni a su familia. Era un espíritu libre, cargado de alegría y buen humor, siempre dispuesto a contagiar a su prójimo.

Cuando alguien le ofendiese, no tardaría en perdonarle y humillarse él mismo, aunque no llevase razón la otra parte.

Era amigo de todos y a todos trataba por igual, sin distinciones, por ello sería sumamente querido en su aldea de Nazaret.

Jesús era un ser sumamente agradecido, que daba las gracias a Dios por cada acción buena, por cada conversación, incluso por la belleza de la naturaleza.

Nunca juzgaba a nadie, pues su capacidad de discernimiento le permitía ver las debilidades del otro; aunque ello no le suponía impedimento alguno para decir lo que pensaba, sin temor al qué dirán, pues no le importaba enfrentarse a la verdad. Y todo lo hacía sin buscar los aplausos, ya que ni los necesitaba ni los quería.

Era un hombre compasivo y misericordioso, muy sensibilizado con el sufrimiento humano, por el que se desvivió hasta la muerte. En definitiva, el hombre más bueno que ha existido sobre la faz de la tierra.

Podría escribir un sinfín de adjetivos hacia Jesús, pero el cansancio llega mi ser, no a mis ojos, en los que albergo la esperanza de que pronto abrirán sus compuertas para dejar entrar las imágenes de la vida.

Día 11

Desconozco por completo a qué reinado pertenezco al abrir mis oídos, si al del sol o al de la luna. Solo las palabras de Naim me indican que estoy bajo los influjos del astro rey, puesto que mi madre está en vigilia día y noche, pero no comparte sus pensamientos a corazón abierto, sino que sufre por dentro el calvario que supone para ella el ver a su hija completamente paralizada.

La charla de Naim, como siempre, ¡ha sido apasionante! Hemos avanzado en la vida de Jesús, cuando llega el día que se siente empujado a predicar la Buena Noticia en este mundo nuestro, tan roto, engañoso y lleno de trampas en las cuales es muy fácil caer. Por ello Jesús va a pasar por la prueba y el mundo lo va a tentar. Se fue al desierto, símbolo de la prueba y de la purificación, donde también fue tentado el pueblo de Israel cuando salió de Egipto.

Cuentan las escrituras que Jesús recibió tres tentaciones, las cuales pretendían que mostrase sus poderes a través de una gran exhibición que pudiese convencer a los hombres de la verdadera existencia de Dios, lo que le habría supuesto un poder infinito sobre toda la Tierra y sería soberano de todos los reinados del mundo. Sin embargo, si lo hubiese hecho, el hombre habría perdido toda su libertad porque quedaría condicionado a un Dios, el cual se supone que ha creado al hombre libre.

A raíz de las tentaciones, Jesús descubre que ha venido al mundo a aliviar sufrimientos a través del servicio. Descubre que el reinado de Dios no se impone, sino que se ofrece de forma gratuita. Jesús no cae en la trampa del prestigio, por ello nunca hará un acto de poder para acreditarse, sino para el bien de la humanidad, consciente de que tenía que huir de la búsqueda de honores, riquezas o reconocimiento. Liberándose de los engaños es como consigue vivir la verdadera vida a la que estamos llamados.

¿Y cuál era el objetivo de Jesús? Su misión consistía en acercar la Buena Noticia a todos los hombres desde su condición más humana, desde la sencillez y la pobreza, para mostrar cómo era el Dios Padre al que oraba: humilde, sencillo, bondadoso, misericordioso y piadoso.

Para asimilar estos conceptos, Naim me ha introducido el significado del mundo de los afectos, donde mora nuestra capacidad de querer y sentir, de amar, porque es lo más hondo que tenemos y lo más difícil de discernir, dado que los afectos no se manejan como las ideas, que van y vienen. De hecho, por las ideas no podemos perder el sueño, pero sí se hiere el mundo de afectos. Por ello es tan importante clarificar nuestro mapa afectivo, que, lógicamente, hay que ser consciente de que tenemos una capacidad de querer limitada porque somos humanos, pero una mala clarificación puede generar mucho sufrimiento. Jesús, por tanto, no pide que queramos a todo el mundo, más bien hace hincapié en que no despreciemos a nadie. Para ello hemos de ser sumamente sinceros con nosotros mismos, sin escaparates, sin sutilezas, sin críticas mundanas y excusas baratas. Jesús pretende liberar nuestra libertad, pero el lenguaje sutil puede confundirnos.

¡Qué frase tan bonita la que me ha dicho Naim antes de marcharse!:

«El lenguaje de Dios son síntomas de paz».

En mi silencioso camino contemplativo, he podido comprender las Bienaventuranzas, las cuales quiero exponer para que no queden en el olvido:

«Dichosos los pobres de corazón».

Son aquellos en cuyo corazón desprendido no existe el orgullo, el rencor, el prestigio o el egoísmo, porque viven los valores de los que hablaba Jesús.

«Dichosos los afligidos».

Una persona afligida es tan humilde que no devuelve mal por mal, con lo cual es fácil consolarla.

«Dichosos los desposeídos».

Aquellos que están libres de todo apego, con lo cual conquistan la cima del amor.

«Dichosos los que tienen hambre y sed de justicia».

Son aquellos que no se toman la justicia por su propia mano.

«Dichosos los misericordiosos».

Una persona que actúa con misericordia, recibe misericordia. Por ello decía Jesús: "Perdonad y seréis perdonados".

«Dichosos los limpios de corazón».

Hombres de mirada limpia que han descubierto el amor.

«Dichosos los que procuran la paz».

Quien muestra paz es porque su corazón está impregnado de paz, como el de Jesús.

«Dichosos los perseguidos por la justicia».

El reino de Dios está por encima de la ley Mosaica, donde la hipocresía de las palabras no iba seguida de los actos.

Esta contemplación ha actuado en mí como un filtro de agua, recogiendo todas las impurezas y dejando un agua limpia y pura. De igual modo, mi corazón va liberándose de ciertas neurosis que tenía impregnadas en mi mente y que no me permitían tener una mirada más misericordiosa conmigo misma y con los demás. Por ello me siento llena de paz, donde todo ser se regocija al saborear un gozo hondo sin precedentes, lo cual me hace sospechar en la existencia de algo más que la casualidad de la creación. ¿Existirá ese Dios del que con tanta fe nos hablaba Jesús? No sé, pero por más que quiero resistirme a esa posibilidad, siento que he llegado a saborear parte de lo que supone estar cerca de la divinidad, pues me resulta humanamente imposible el poder sentir lo que siento en un estado tan precario como el mío y sin hacer absolutamente nada. Todo ha sido don y gracia, sin voluntarismos.

Día 12

Tengo tantas ganas de vivir, que si no despierto hoy mismo me voy del hospital levitando. La satisfacción que siente mi alma es incomparable con cualquier recuerdo mundano que haya experimentado mi cuerpo.

Hoy Naim me ha hablado de cómo Jesús empezó su camino anunciando la Buena Noticia: ¡vaya coraje tenía el Nazareno! Desde el principio no tuvo pelos en la lengua y luchó contra la Ley de forma admirable. Él solito se las apañaba para enfrentarse con toda esa pandilla de hipócritas que se limitaban a cumplir unos mandatos que dejaban los derechos de los hombres en segundo término. Unas normas que carecían de sentido común y que limitaban el crecimiento personal a través de la imposición de una serie de leyes que no servían para nada y que lo único que conseguían era reprimir al ser humano, oprimir su espontaneidad, ampliar las diferencias sociales, castigar a los más débiles con el rechazo y el abuso social, además de cortar de cuajo las alas de la libertad necesarias para que el hombre pudiese alcanzar un desarrollo personal completo que le permitiese ser feliz.

Imagino a Jesús entrando en la sinagoga, cogiendo el texto de Isaías y leyéndolo con autoridad, pero omitiendo una frase del Antiguo Testamento que causó un revuelo enorme porque no leyó la ley como tocaba, y como no soportaban que Jesús se pusiese por encima de la Ley, se enfadaron con él, hasta el punto de querer echarlo por un precipicio y matarlo. ¡Vaya sádicos!

Me explicaba Naim que Jesús omitió el párrafo en el que se hablaba de la venganza del señor, dando una radical y novedosa percepción del Creador, pues sabía que lejos de Dios estaba anunciar días de venganza con hachas en el árbol.

Jesús no vino a juzgar, sino a perdonar. La lógica del reino que anuncia el apodado Hijo del Hombre, ya no es la separación, sino la compasión, la curación, la liberación y el perdón. De manera que Jesús optó por implicarse compasivamente con los pobres de Israel. Así aprendería con su propia carne cuáles eran los pecados y las debilidades humanas, adquiriendo un conocimiento profundo del mundo y de Dios, quien según Jesús se caracterizaba por su misericordia, bondad, humildad, sencillez, alivio, perdón, alegría, paz y esperanza para los cautivos. Por ello decía que solo los limpios de corazón serían capaces de ver a Dios.

Naim dice que si en alguna ocasión actuamos mal o nos equivocamos causando un daño al otro, podemos autocastigarnos cargando con pesadas cadenas alrededor de nuestro cuello que nos paralizan y no nos permiten avanzar. Sin embargo, Jesús, con su amor, corta esas cadenas, nos purifica y nos dice: «Yo no te condeno. Ve y en adelante no peques más». Cuando esas palabras se interiorizan y se hacen propias, generan una fuerza dinámica que permite al hombre ponerse en movimiento y una oportunidad de dejar de buscar las trampas del mundo y seguir tras los pasos del reinado que nos ofrece Jesús, que es la misericordia con el hermano y la gloria y alabanza al Dios bueno.

Durante mucho tiempo he meditado esa frase tan potente y cargada de fortaleza, porque me hace sentir que tanto mis equivocaciones como mis pecados están perdonados; además, veo que gracias a la toma de contacto con Jesús y a la contemplación de su vida, descubro mis miedos y mis puntos débiles. Incluso en un momento de profunda inspiración he sentido un susurro que decía: «Sígueme y goza de la verdadera paz que el mundo jamás te podrá dar. Deja atrás tus miedos, tus errores, tus humillaciones y recibe la fortaleza de Dios, para que puedas ponerte en camino. Ve y alivia los corazones, como yo he hecho contigo. Utiliza las armas que te mostrará el Espíritu Santo y brilla como estrella en la noche. Permanece tranquila porque las tempestades y las flechas no podrán alcanzarte. Simplemente has de utilizar los dones que posees y permanecer en la humildad, pero nunca buscar reconocimiento ni tesoros mundanos».

Dice la Biblia que Jesús ha venido a poner en libertad a los oprimidos, a liberar a los cautivos, a devolver la vista a los ciegos... Y me doy cuenta de que, aún no siendo creyente y pasando olímpicamente de todas las historias relacionadas con el mundo de las religiones, estamos rodeados de tantas cadenas que nos oprimen, con creencias desacertadas y en muchos casos heredadas, que no nos damos cuenta de que nuestra rigidez mental es el oxígeno que vivifica los sentimientos de opresión. Al estar tan perdidos por el mundo, buscando una fuente que sacie nuestra sed, podemos caer en el engaño de las drogas, el sexo, el dinero o la búsqueda de prestigio, cuando la única manera de llenar el vacío que siente el hombre por dentro es a través de la vida de Jesús, quien nos enseñó una perspectiva de vida tan chocante y contraria a la tendencia natural por la que nos guiamos los hombres, que nos parece casi imposible que pudiesemos llegar a ser felices a través de su ejemplo y su palabra. Pero qué duda cabe que Jesús era un volcán de alegría y servidumbre, aunque lo que más me fascina de él era que no tenía miedo a nada ni a nadie, por ello siempre decía la verdad, aunque fuese contracorriente y sus palabras no gustasen a muchos en un principio, resultando sanadoras con el tiempo: la verdad antes que el prestigio, antes que su persona y su reputación.

Según Naim, Jesús no tenía en cuenta el qué dirán, dado que sus palabras estaban esculpidas sobre roca firme con la pluma de la verdad para que el hombre no construyese castillos en el aire, ya que nos alejan de la realidad y nos conducen hacia el sendero de la adoración de ídolos. Esos que nos ofrecen una falsa seguridad al darles la dimensión de absoluto, entre ellos: bienes materiales, mi propia salud, mi cultura, la amistad, el matrimonio, el ordenador, el barrio, mi casa, mi comodidad, mi familia, el dinero...

«El ídolo esclaviza, destroza, pide sacrificios y nos quita la vida porque se apropia de nuestra libertad. Aparece cuando ya no concebimos nuestra vida sin él, porque nos ha atrapado. Así, podemos pegarnos a una persona y no querer separarnos de ella porque no concebimos la vida sin ella, es decir, utilizamos el ídolo porque nos da seguridad —me explicaba Naim con sumo detalle—. Pero Jesús nos libera de esos ídolos, apegos, sumisiones y dependencias, ayudándonos a romper esa tela de araña en la que hemos quedado atrapados; a pesar de que a veces no podemos corregir una situación o una actitud porque nos da pavor el ídolo de la propia imagen. ¿Y qué dirán? Por eso mucha gente no corrige, porque le da pavor la opinión del otro; pero para crecer en libertad hay que salir de los propios amores y quereres».

En una de las contemplaciones que he realizado de Jesús en la que los discípulos de Juan el Bautista le preguntan a Jesús si era el Mesías, este les contestó: «Id a informar a Juan de lo que habéis visto y oído».

Observo que Jesús no se engríe, ni se enaltece ante la pregunta; simplemente les remite a los hechos, que son lo verdaderamente importante, porque las palabras pueden ser muy engañosas y, acorde a los hechos, que cada cual juzgue por sí mismo. De ahí que las personas que se autoengañan con su lenguaje, con sus palabras, puedan engañar al otro de forma consciente o inconsciente, por eso Jesús nos remite a los propios hechos, que no son otra cosa que la pura realidad, la verdad indiscutible. Él no tiene que demostrar nada a nadie, sus obras y hechos son los que hablan, unos los creerán y otros no:

«Dichosos los que crean sin haber visto».

Día 13

Tengo la sensación de que hoy va a ser un gran día. Empiezo a sentir mi cuerpo e incluso creo que he sido capaz de mover los dedos del pie y de la mano, lo cual es una grandiosa noticia porque significa que tengo sensibilidad en todo mi cuerpo y no me quedaría tetrapléjica. El problema es que no sé si lo he soñado o si es fruto del deseo y de mi imaginación, al estar tantos días como en una escafandra; aunque tengo la sensación de que en breve abriré mis ojos y todo volverá a una relativa normalidad. Lo más curioso es que ahora no deseo nada más que estar como estaba antes, cuando nada de lo que tenía me satisfacía: ¡el gran dilema de la vida!

En cuanto despierte me gustaría ponerme manos a la obra y resolver todas las dicotomías en las que estoy inmersa. Lo que sí que tengo claro es que en cuanto pueda visitaré a Iván. ¡Si él supiese! No sé si se habrá enterado de la noticia o si le resultará embarazoso visitarme, después de tanto tiempo de desconexión y de haber terminado tan mal, pero ¿qué importa?, ya es hora de ir quitándome espinas.

En estos momentos oigo dos voces lejanas, muy de fondo: la de mi madre y la de Naim, quien siempre tiene la delicadeza de quedarse unos minutos más y charlar con mi madre, que no se ha movido de mi lado más que para ir al servicio y cuando viene nuestro psicólogo, pues creo que está aplicando una doble terapia, lo cual le va a ir muy bien a mi progenitora, que seguro lo necesita tanto como yo.

En cuanto a la explicación que me ha dado Naim en el día de hoy, tengo que decir que me he quedado con la miel en los labios: una charla muy breve, ¡pero muy rica!

Han sido varias las frases del Evangelio en las que intervenía Jesús y que me han resaltado del resto al escucharlas, con lo cual, a estas alturas, sé que contienen un mensaje para mí:

«Este hombre no tiene dónde reclinar la cabeza»

Es una frase increíble, porque claramente indica que Jesús no tenía bienes materiales, ni estaba apegado a las comodidades de la vida. ¡Era un hombre libre y la libertad le daba alegría, gozo y júbilo!

«Sígueme»

En cuanto he escuchado la frase en la que Jesús invitaba a sus discípulos a seguirle, me he sentido como una discípula más a la que invitaba para disfrutar de su santa libertad. Sin duda, una invitación sencilla, directa y clara. ¿Cómo puedo decirle que no, si yo ansío lo que él tenía?: paz y libertad. Para ello sé que tengo que concentrarme y descubrir cada uno de mis ídolos, de mis apegos, para tener acceso a la libertad.

«Deja que los muertos entierren a sus muertos. Tú ve a anunciar el reinado de Dios».

Siento que Jesús me invita a no tener apego a las personas, y mi mente refresca en mi memoria la carta de Iván, quien con gran sinceridad exponía la dependencia tan neurótica que creé hacia él, no permitiéndole vivir en autenticidad. Tendía inconscientemente a neutralizar la forma de ser y de actuar de la otra persona, hasta el punto de anularla. Me acomodaba a la otra persona y la ataba con lazos de exigencia y de opresión, cuya repercusión afectaba de forma conjunta a nuestro desarrollo personal y al conocimiento de nuestro potencial, lo que se traducía en malestar y tristeza.

Es por tanto una invitación a vivir el reinado de Dios de forma radical, es decir, que mi vida gire en torno a la libertad, la paz y el servicio al prójimo, sin que mis decisiones se vean condicionadas siquiera por mi familia, porque si existe un apego, es imposible moverse con libertad, lo cual no significa repudiar ni dejar de honrar.

«Uno que echa mano al arado y mira atrás no es apto para el reinado de Dios».

Jesús era una persona desprendida y vivía de la providencia. Vivía el presente, el ahora, sin pensar en el ayer ni en el mañana.

Para el reinado de Dios no hay excusas que valgan, ni autoengaños, pues no se puede caminar hacia adelante si tienes un apego tan grande que te paraliza y no te deja avanzar.

Si miras atrás es porque vives amargado con lo que tienes, no hay entrega; por tanto el seguimiento es en vano porque no hay alegría y el reino de Dios es puro gozo.

¡Cuántos matrimonios se han roto porque alguno de los cónyuges sigue mirando atrás hacia su familia, amigos u otra ciudad!

Dice Naim que en la vida matrimonial los dos forman una sola carne, pero si uno está continuamente mirando atrás, una de dos: o está conllevando el matrimonio por falta de amor o no se atreve a soltar amarras porque sus apegos son tan fuertes que le matan, no permitiéndole confiar y entregarse por completo a la otra persona. Si no se rompen esos apegos es imposible que el matrimonio funcione, porque no se es apto, bien por inmadurez o porque la convivencia es tan exasperante que solo sirve para destruirse el uno al otro, con lo cual estaríamos ante un caso de nulidad matrimonial.

En la vida tenemos una misión: o te entregas a ella de corazón, como hizo fielmente Jesús, o no se es libre y feliz, como él demostró que era.

Jesús dejó amigos, casa, trabajo y familia para hacer la voluntad de Dios. Se desprendió de todo tipo de afectos y marchó pletórico de alegría y gozo a realizar su misión. Nunca miró atrás ni se amargó por lo que había dejado. Era libre y libre nos quiere hacer, desde una llamada firme y sencilla: «Sígueme, porque mi yugo es suave y mi carga ligera».

Acabando de esculpir estas palabras imaginarias, observo con una infinita alegría que mis ojos se han abierto y que he despertado del coma: ¡por fin mis ojos ven la luz! ¡Es un renacer de nuevo! ¡Qué alegría! ¡Le doy gracias a la vida!

—¡Mamá, mamá! ¡Naim, Naim!

7

Cristina imaginó que la noticia de su despertar causaría un enorme revuelo en el hospital y acabaría difundiéndose como un chisme puesto en la boca de una alcahueta. Todos acudirían para verla y felicitarla por volver de nuevo a la vida. A pesar de vislumbrar un despertar apoteósico, la habitación estaba vacía, no imaginándose que tendría como compañera de celebración a la soledad, aunque tampoco le dio mayor importancia porque de este modo pudo saborear con mayor deleite uno de los momentos más felices de su vida.

—Mamá, ¡ya he despertado! —exclamó Cristina, mostrando una emoción indescriptible tras tantos días de silencio y oscuridad.

Sus ojos enfocaban la entrada de la puerta, atendiendo a que su madre y Naim le escuchasen y respondiesen a su llamada; sin embargo, solo entró su madre y con cierta parsimonia, como si estuviese presa bajo los barrotes del cansancio, porque entró echando una mirada rutinaria a su hija. Fue en el momento en el que se iba a sentar al sillón, cuando reaccionó con locura.

—¡Hija mía, has abierto los ojos!

—¿Acaso pensabas que te ibas a desembarazar de mí tan pronto?

—¿Puedes verme? ¿Estás consciente?

—Claro que puedo verte, tengo el brazo roto, pero no estoy cegata —bromeó Cristina.

—Tranquila, no hace falta que digas nada.

—Después de los días que he pasado aletargada como un oso en invierno, no pretenderás que me quede callada.

—Ahora mismo llamo a la enfermera para que sean sabedores de que has vuelto a la vida. ¡Qué alegría más grande, cariño!

—¿Por qué no ha entrado Naim, si hace un minuto estaba hablando contigo y os he llamado a los dos? ¿Es que no me ha oído y se ha ido?

—Si supieses lo que he soñado con este momento.

—Bueno, déjate de tanto besuqueo y respóndeme a lo que te pregunto.

El ímpetu que mostraba María hacia su hija lo plasmaba con grandes muestras de cariño, ofreciendo a su ser más querido lo que más le nacía darle: abrazos y besos.

—¡Enfermera, enfermera, mi hija ha abierto los ojos! —salió gritando María por los pasillos.

—Mamá, ¿cuánto tiempo he estado en coma? —inquirió Cristina, en cuanto su madre regresó.

—No te preocupes, hija, enseguida vendrán los doctores para hacerte un chequeo. ¡Es maravilloso volver a ver el destello de tus ojos verdes color esperanza!

—Imagino que tienes que estar tan contenta como yo. ¡Admiro tu tenacidad! Muchas gracias por haber permanecido a mi lado durante todo este tiempo, me has hecho mucha compañía. Por cierto, ¿te preguntaba por Naim? ¿Se ha ido ya, verdad?

—Si es que eres la reina del hospital. Todo el mundo estaba deseando ver esos ojazos con los que has roto tantos corazones.

—Bueno, más bien me lo han roto a mí... Pero, quieres hacer el favor de tranquilizarte que me estás babeando más que un perro —volvió a bromear Cristina, intentando desdramatizar el momento.

—¡Ay, ay, hija mía! ¿Sabes que tengo la misma sensación que cuando vi tu carita por primera vez?

—Imagino...

—¿Estás bien? ¿Puedes hablar? —volvió a insitir María.

—Que sí, tranquila, puedo hablar sin problemas y tanto como quieras. La verdad es que me siento mucho mejor de lo que esperaba, ni me duele el brazo ni nada. Supongo que me estarán dando analgésicos que suavicen el dolor del mamporro que me metí, porque imagino que si no me dan calmantes me dolerían hasta las pestañas, ¿verdad?

—No te preocupes, es normal, acabas de despertar y estás conmocionada. Tu hermano también anda por aquí, enseguida vendrá a verte.

—¡Genial! Tengo muchas ganas de estrujarlo... Por cierto, no creo que Naim haya abandonado el edificio, podías intentar alcanzarlo e informarle de la noticia. Me apetece hablar con él y que sepa cómo me encuentro. ¿Crees que lo pillarás?

—¿Sabes que se ha echado novia?

—¿Qué me estás diciendo?

—Lo que oyes, dice que está pagadísimo, así que pronto conocerás a tu cuñada.

—Mamá, ¿has bebido algo? Porque te conozco, si no diría que la que se ha caído de un quinto piso eres tú.

—Se llama Esther y trabaja con él.

—Mamá, pero si Naim trabaja solo. ¿Te encuentras bien o la fatiga te hace delirar?

—Ah, no sé si lo sabrás, pero Naim ha venido a verte todo los días, es un chico encantador... Ya sabes que no me gusta entrometerme mucho en tus cosas, pero si es tu novio te puedo asegurar que tienes muy buen gusto. Además, me ha ayudado una barbaridad. ¡Cuánta sabiduría tiene el hombre!

—No es mi novio, es un amigo que es psicólogo... En fin, supongo que te lo habrá explicado él, ¿no?

—Mira, ya está aquí el doctor —informó María, al ver cómo un señor con bigote y de pelo canoso se aproximó a Cristina mostrando su mejor sonrisa.

—¡Buenos días, por fin ha despertado la Bella durmiente!

—Sí, doctor, aunque creo que el príncipe no ha cumplido con su papel y no se ha dignado a darme un beso —bromeó Cristina.

—¿Ha dicho alguna palabra?

—Un montón, doctor —se apresuró a responder Cristina—, de hecho me apetece más hablar que comerme un bocadillo.

—No, todavía no ha dicho nada —repuso María.

—¿Es que os tengo que soltar un discurso de dos horas para considerar que una puede hablar?

—He intentado hablarle desde el primer momento en el que he visto que tenía los ojos abiertos, pero debe de ser que está conmocionada —concluyó María.

—¡Maldición! Entonces..., ¿no me oís? ¿Qué me está pasando?

—Cristina, ¿puedes intentar mover el dedo gordo del pie? —preguntó el doctor, comenzando con el chequeo de una paciente que parecía había resurgido de las tinieblas.

—¡No puedo, no siento mis piernas!

—Veamos, ¿y el de la mano?

—¡Tampoco!

—¿Puedes mover la cabeza?

—Ni siquiera eso, ¡solo puedo pestañear!

Varias enfermeras entraron repentinamente a la habitación. Todas mostraban un interés enorme por ver los ojos de una paciente que con su mera presencia ya había conseguido despertar el cariño de todos; sin embargo, su mirada permanecía apagada y perdida.

Día 14

¡Qué extraña sensación la mía! Es como si estuviese buceando en una piscina y cuando pretendo subir a coger aire, veo una capa de hielo sobre la superficie que me impide salir. Por más que intente ordenar a mis músculos que reaccionen y actúen, permanecen en silencio, dejándome como una vela: consumiéndome poco a poco, con la única luz de mis ojos como señal de vida.

Cuando miro a mi pasado lo miro con dulzura, a pesar de ver pasar los días sin alcanzar los deseos más profundos de mi corazón, muchos todavía por descubrir. Pero ¿qué haces cuando tu pasado ya no importa y tu futuro tampoco? Entonces brota la desesperanza. Ves a distancia y desde las mazmorras la belleza que se extiende en el exterior de tan cruel fortaleza. ¿Qué sentido tiene seguir viviendo, si ni siquiera puedo disfrutar de un buen plato de paella? Mejor sería que me quitasen la sonda gástrica que me mantiene con vida y que la luz de mis ojos se apagase para siempre. Es cierto que mis ojos me permiten disfrutar de las imágenes de las personas a las que más quiero, pero no tengo tacto para poder sentirlas, ni manos para poder acariciarlas, ni lengua para poder hablar con ellas. ¡Maldita sea!

Bien es cierto que la presencia de Naim y sus palabras infligen en mí un poco de consuelo y cuando estoy con él todo parece distinto, llegando incluso a disfrutar de forma elocuente de cada una de sus enseñanzas y reconfortándome con unas palabras que han apaciguado el duro golpe recibido.

«El hecho de que ahora estés postrada en esta cama no significa que lo vayas a estar de por vida. Tu cerebro ha sufrido un fuerte traumatismo, pero no descartes una posible recuperación. Así que te digo lo mismo que Jesús le dijo a la viuda que perdió a su hijo: "Levántate", no en el sentido literal de la palabra, sino en el figurado. No te quedes en la lamentación, abatida y oprimida por tu situación actual. Busca dentro de ti la libertad, como un pájaro que deja su nido y toma las riendas de su vida.

»Sea cual fuere tu situación, puedes ser el faro que ilumine a muchas almas desamparadas que, con piernas y brazos, permanecen ancladas en sillas de ruedas imaginarias frente a un televisor que no hace más que comer sus horas de vida. Tú, por el contrario, tienes la oportunidad de llevar el amor a todas las personas que se acerquen a ti. Tu mirada está tan viva como tu ser y con ella puedes transmitir más fuerza que con un millón de palabras, más amor que con un abrazo, y más pasión que con un acto sexual. Entiendo que puedas sentirte desamparada e incluso humillada, dado que ahora has regresado a tu más tierna infancia y tienes que aceptar la debilidad que supone el no poder siquiera controlar tus propias necesidades. Pero créeme cuando te digo, que saldrás de esta situación airosa y que tu vida es tan válida como la de cualquier otra persona».

Gracias a las palabras de Naim he podido recuperar en cierta manera el ánimo y centrarme en nuestras prácticas contemplativas. Por ello me quedo con las palabras que le decía Jesús a la viuda: «No temas, si crees se salvará». Es como si me estuviese diciendo a mí misma: Cristina, no temas, si crees tu vida se salvará. Algo similar sucede en el relato de la niña que todos consideraban muerta, a excepción de Jesús, que les explicó a sus padres que estaba dormida, y, dirigiéndose a ésta, dijo: «Niña, levántate».

En esta lectura he vuelto a percibir cómo Jesús vuelve a tender su mano para sacarnos de las penumbras y darnos vida. Diferentes interpretaciones pueden darse en torno a la resurrección. Algunos harán una interpretación literal y creerán que resucita de la muerte en sí, mientras otros pueden interpretar que se trata de la resurrección del espíritu, que cuando pierde la esperanza es como encontrarse bajo las garras de la propia muerte. El peligro radica en caer en los engaños de que lo importante es cuidar la imagen, tener éxito, ser el centro... Si caemos en esa trampa, podemos enturbiar la alegría y el gozo que Jesús quiere para cada una de las criaturas del mundo.

De las lecturas que ha leído Naim, me han resaltado dos frases de Jesús.

Por un lado, cuando dice: «Mujer, queda libre de tu enfermedad», donde vemos cómo Jesús optó por sanar a una mujer en sábado, día sagrado para los judíos, en el que no podían hacer absolutamente nada, pero al Maestro eso le daba igual, pues sintió compasión de la anciana y la liberó de su opresión, concediéndole uno de los bienes más preciados: la libertad.

Por otra parte, cuando Jesús encuentra oposición a ese buen acto por parte de los fundamentalistas religiosos, que se preocupaban únicamente por cumplir la Ley, les dice: «Hipócritas», demostrando una enorme valentía al enfrentarse de forma directa a sus adversarios, con tal de defender a los débiles, sin importarle perder el prestigio ante los poderosos.

Personalmente, esas frases me dicen que tengo que plantarme ante las injusticias, aunque ello me suponga enfrentarme al poder. Me tiene que dar exactamente igual lo que puedan pensar de mí, porque yo no tengo que hacer un ídolo de mi imagen. ¡Cuántas veces me he callado en mi trabajo por miedo a enfrentarme a mi jefe, temiendo que de hacerlo podría perder mi empleo y como consecuencia de ello no poder pagar la hipoteca! Pero ¿por qué morderse la lengua ante las injusticias? Deduzco que es un tema a trabajar, dado que se me ha planteado varias veces a lo largo de la terapia. Solo sé que si hubiese tenido el coraje que tuvo Jesús de decir lo que pensaba y ser auténtica, tal vez habría perdido un empleo, pero quién sabe si luego hubiese encontrado uno mejor.

Si consigo recuperarme, que presiento con una fuerza indescriptible que así sucederá, por lo que cada vez estoy más tranquila, volveré a mi trabajo y expondré lo que durante tantos años callé. Si me echan, lo celebraré con el puño en alto; que no, veremos si soy capaz de vivir mi labor de periodista con autenticidad o si finalmente decido irme por mis propios pies.

¿Seré realmente capaz de demostrar la audacia de Jesús?

Día 15

Sin apenas darme cuenta, ya voy por el ecuador de estos ejercicios espirituales individualizados. Lo que no me esperaba y me sorprende gratamente, es que sería capaz de llevar con tanta entereza el silencio y mi enfermedad.

Hoy Naim me ha hablado del Dios al que le rezaba Jesús. Me ha gustado mucho porque no ha intentado convencerme en ningún momento de su existencia o ausencia. Me ha leído la parábola del Hijo pródigo, donde el hijo menor deja a su padre y a su hermano, y se va con la herencia que le corresponde a disfrutar de la vida. Malgasta todo lo que tiene, hasta el punto que no tiene siquiera para comer, con lo que decide humillarse y regresar a casa para trabajar como jornalero de su padre. Este, lejos de recriminarle cualquier cosa, lo recibe con los brazos abiertos y prepara en su nombre una gran fiesta, a la cual su hermano mayor se opone porque se siente con derechos.

En esta parábola, Jesús nos muestra cómo es el Dios al que reza: un Dios misericordioso que no tiene en cuenta los errores porque la persona vale más que sus acciones; un Dios que sale al encuentro del otro con los brazos abiertos y dispuesto a perdonar y no reprochar a quien se da cuenta de sus errores y se arrepiente profundamente; un Dios que nos ha dotado a cada uno de nosotros de una serie de dones que nos permitirán crecer como personas, aunque para ello tengamos que recorrer un camino pedregoso que, con certeza, nos servirá para conocernos mejor, descubrir nuestras cualidades, forjar nuestra personalidad y, desde nuestra libertad, orientar nuestro destino.

El problema surge cuando intentamos compararnos con los demás, pues relucen más los defectos que las virtudes.

¡Las comparaciones son odiosas!

Jesús es el ejemplo de un hombre que decide salir al encuentro de sus semejantes a través del sendero del bien, para favorecer el encuentro con el otro, donde la palabra amor es la principal característica de lo que él llamaba el Reino de Dios, por el cual fue capaz de entregar su vida.

Por muy incongruente que parezca, Jesús era un peligro para la clase política y religiosa, ya que lo consideraban un revolucionario que podía tambalear la comodidad y los derechos que habían usurpado estas clases sociales al resto del pueblo.

Durante la contemplación, me he detenido en una frase que a simple vista puede pasar desapercibida, pero que tiene mucha miga: «Esperaban recibir más».

A veces esperamos recibir algo de alguien o, en su defecto, más que los demás, con lo cual te frustras si no lo consigues. Grave error porque entonces la vida se convierte en amor interesado, cuando sabemos que el verdadero amor es gratuito.

Jesús nos enseña que la vida es pura gratuidad, por ello no sirve de nada protestar o quejarnos ante ese hipotético Creador, buscando que nos ayude a allanar nuestro camino, dado que el sendero de la vida es de purificación. También entiendo por qué los preferidos de Jesús eran los pobres, los enfermos, los rechazados, en definitiva, los débiles, porque eran los únicos que aceptaban su mensaje y podían percatarse de que en la vida existía algo más que aquello que enseñaba el mundo, donde los verdaderos valores quedaban relegados a un segundo plano. Sin embargo, Jesús demostró con su vida que se puede ser feliz sin bienes materiales, sin egoísmos, sin rencores, sin apegos, sin ídolos, más siendo manso de corazón y dando la vida por los demás.

Según puedo deducir de estas enseñanzas, no se trata de competir con el otro para tener más, sino de alegrarse de que la vida, Dios, el amor, o como se le quiera llamar al misterio de la creación, haya sido generoso con esa persona.

«Muchas veces queremos un trato especial y no nos damos cuenta que somos iguales al resto. Nadie es más que nadie. El dinero, la profesión o el país de procedencia no marcan un rango social. Por ello no es bueno idolatrar a una persona ni por su trabajo, ni por su carisma, ni por su belleza, ni por nada —me explicaba Naim—. En la sociedad actual cometemos el grave error de idolatrar al dios don Dinero y a la persona que lo posee. Esa es la mejor manera de olvidarnos del pobre, cuando solo miras hacia arriba, donde están los ricos, y no hacia abajo, donde se encuentran los pobres, razón por la cual hay tan poca humanidad».

En fin, grandes lecciones que espero pueda poner en práctica algún día.

Día 16

En cuanto abro mis ojos, veo a mi madre ahí sentada en un sillón, sin dejarme un segundo, como fiel escudero de su señor.

Su cariño revitaliza mi espíritu, ante la impotencia que siento de no poder hablar ni moverme, limitándome a realizar viajes virtuales a través de la imaginación, que, en numerosas ocasiones, pueden con mi ánimo. Afortunadamente, hay tanta complicidad entre ambas que ya somos capaces de comunicarnos a través del sistema de pestañeo que hemos creado.

Cuando pestañeo dos veces seguidas quiero decir «no», y cuando pestañeo una, quiero decir «sí». De esta manera mi madre es consciente a través de las preguntas que me hace, de aquello que siento y quiero. Un sistema que me sirve para comunicarme con quienes vienen a visitarme; no muchos, la verdad, pero tal vez sean los suficientes.

Respecto a la dinámica que sigo con Naim, quiero registrar por escrito en mi cerebro, que cada vez entiendo más los términos bíblicos a los que hace referencia Jesús, quien se dirige a Dios como un canto a la vida, a la paz, a la libertad, al amor, a la bondad, al encuentro con el hermano, que es el otro; aunque otros interpreten la palabra Dios como un juez todopoderoso y vengativo, que aprovecha la muerte para juzgar los actos que hemos realizado en vida y condenarnos al infierno si hemos actuado mal o, por contra, llevarnos al cielo junto a Él en caso de haber sido buenas personas. Todo esto creo es una interpretación de los hombres, pues cada cual es muy libre de interpretar la vida como quiera, pero yo veo que Jesús lanza un mensaje revolucionario al que llama la Buena Noticia o el Reino de Dios, y ese mensaje no es otro que adquirir un crecimiento personal y espiritual digno de todo ser viviente.

Para vivir con dignidad es fundamental crear un mundo horizontal, donde nadie se crea más que nadie, porque en el mundo vertical, el que está por encima del otro aplasta a los que se encuentran debajo. Verdaderamente esa Buena Noticia es un canto a la paz, al amor y a la libertad. Pero la palabra libertad no la podemos trivializar, dado que en ella está implícito el cortar las cadenas religiosas que nos oprimen con creencias radicales y temerosas, así como cortar las cadenas políticas de aquellos que intentan aprovecharse a través de leyes creadas y aprobadas sin el consentimiento del pueblo.

Ejemplo práctico y veraz que ocurre con nuestra actual clase política, que puede jubilarse mucho antes que el resto de los trabajadores, además de disfrutar de pensiones vitalicias por apenas trabajar unos años en la política o de ostentosos sueldos que suponen un grave perjuicio para el resto de la población, obligada a trabajar hasta la extenuación para poder pagar unos tributos exacerbados a los poderosos; por ello dirá Jesús con mucha sabiduría: «Quien quiera ser el primero sea el último y se ponga a servir».

Jesús fue capaz de dar las claves para crear un mundo perfecto, donde nadie es más que nadie y todos conviven en paz, de ahí que cuando se refiere al prójimo lo califique con el termino de «hermanos». Sin embargo, los sabios y entendidos de la época y de nuestra actualidad se resisten a entran en el Reino de Dios, ya que pierden estatus social en ese Reino que intenta transmitirnos Jesús. Afortunadamente, Jesús experimenta que los pequeños y los pobres sí que entienden su mensaje.

Me explicaba Naim esta mañana que Jesús encontró resistencia entre sus propios discípulos, dado que no querían a un Mesías entregado, por ello competían entre ellos para ver quién era el más grande y quién podría ocupar la mano derecha e izquierda del trono de Jesús, de ese Reinado de Dios que ellos consideraban que estaría liderado por un político poderoso que conquistaría Israel. ¡Qué ingenuos, no habían entendido nada!

En la primera contemplación he podido observar con una nítida claridad y sencillez que Jesús caminaba por el mundo con extrema humildad, huyendo del prestigio o de los triunfos, pues él no pensaba en sí mismo, sino en los demás. Era un hombre tan bueno que no le importaba dar su propia vida por aquellos que quiso salvar de la avaricia, de los ídolos, de los apegos y de su infelicidad, quienes, por el contrario, no quisieron escuchar su mensaje y se inventaron falsas acusaciones para llevarle a la cruz aún no habiendo hecho nada malo.

En la segunda contemplación he disfrutado como una niña, pues era capaz de situarme delante de Jesús y experimentar la capacidad magistral con la que impartía sus enseñanzas:

«Si uno aspira a ser el primero, sea el último y servidor de todos». Jesús habla de la humildad como uno de los principales valores del Reino. ¡Qué importante es no tener delirios de grandeza, sino de humildad y de servicio! Ahora entiendo por qué es tan importante en una relación de pareja poner al otro por delante de uno mismo y servirle gratuitamente, sin esperar nada a cambio, de lo contrario es falso servicio porque esperas una recompensa, con lo cual aparece el desencanto, las exigencias y comienza el malestar en la relación, ya que la consigna que se nos ha dado para vivir en espíritu de entrega y de amor no se cumple porque no somos capaces de ser el último o, en términos de pareja, de entregarnos a la otra persona y amarle tal cual es.

«Quien acoja a uno de estos niños, acoge al que me envió». Si el hombre deja florecer su esencia, brotará el amor; por el contrario, si se aleja perderá la conexión consigo mismo y ello le desvirtuará de tal forma que emprenderá otros caminos que venden la felicidad a un alto precio. Caminos repletos de cortinas de humo que tergiversan la realidad a través del engaño y la falacia, más cuando la felicidad no se puede encontrar nunca fuera de uno mismo.

En la tercera contemplación destacaría la siguiente frase:

«Quien quiera entre vosotros ser grande que se haga vuestro servidor; y quien quiera ser el primero que se haga vuestro esclavo».

El servicio es uno de los pilares del Reino que nos habla Jesús, por ello ha habido algo en mí que ha cambiado, ya que se ha despertado en mí la admiración hacia aquellos que nos sirven con tanta humildad y que tan poco valoramos: sea un basurero, un barrendero, un minero o un agricultor, quienes ejercen una labor fundamental que no es reconocida por nadie, pues el honor se lo llevan las autoridades que nos tiranizan e imponen su dominio; sin embargo, en el Reino de Dios no existe el poder, sino el servicio y la entrega; no se afana por el prestigio, la fama o el dinero, sino por la humildad; no se espera ni se busca nada de las personas, todo se da con gratuidad.

La lógica del hombre es pensar: «Hasta ahora he sido súbdito y no me gusta, por eso preferiría ser rey». Pero si no te gusta una cosa, ¿por qué vas a querer eso para los demás? ¡No es justo! Por ello el Reinado de Dios es magnífico, porque no se pisotea ni se aprovecha de nadie.

Tal es la pasión con la que vivo las contemplaciones que hoy puedo decir que ha sido uno de los mejores días de mi vida y quiero reflejarlo, para nunca olvidarlo.

El gozo, la alegría y la paz que he sentido durante toda la tarde es lo mejor que me ha pasado en toda mi vida. Tenía la sensación de que mi alma estaba siendo masajeada por olas mágicas de ternura, rayos de paz y ráfagas de alegría, que inundaban de frescura mi espíritu. Era capaz de sentir en mi interior tanto gozo y tanto amor, que se me saltaban las lágrimas de júbilo. Una sensación sobrenatural, dado que ese sentimiento no surge de mi imaginación, ni de mis creencias, dado que no las tengo, que me ha permitido experimentar esa energía del universo capaz de calar muy hondo y sin ningún tipo de voluntarismos o méritos. Imagino que Jesús se referiría a esta energía con el termino de Dios. De manera que ahora entiendo el sentimiento de Jesús hacia Dios, pues su amor es lo máximo que un ser humano puede sentir, no hay nada más bello ni placentero.

¡Gracias, gracias, gracias!

Día 17

Mi cuerpo experimenta en el silencio diferentes tipos de emociones. Unas me dan paz, otras me turban. Todo es tan extraño que me da la impresión de que estoy viviendo un sueño.

El día comienza a ser bastante rutinario: por la mañana me asean dos enfermeras, luego viene Naim, y por la tarde me cambian los goteros que me mantienen en vida. Cuando termino las contemplaciones, de cara a la noche, mi madre tiene la delicadeza de leerme un libro para que no me aburra.

Al ir vivenciando de forma tan profunda la vida de Jesús, llego a percibir los mismos sentimientos que seguro él sintió en vida. De hecho, mientras Naim leía los textos bíblicos, me daba pena el ver que por más que Jesús se esfuerza en transmitir su doctrina, experimenta que la misericordia y la compasión no interesan, ni siquiera a sus propios discípulos; pero no se retira, seguirá aliviando sufrimientos hasta el final. Y es que en la vida, cuando uno hace todo lo que puede, no hay que exigirle nada más. Al menos Jesús luchó hasta la muerte por ofrecer la Buena Noticia a todos, aunque quedaba fuera de su alcance el que los hombres acogiesen sus palabras o las dejasen pasar como el agua escurridiza que recorre un río.

Según Naim, Jesús quiere ir al centro del poder religioso y político que se encuentra en Jerusalén, consciente de que tiene que morir porque allí matan a los profetas, dado que los escribas y sacerdotes de la época manejaban a Dios como a un muñeco para sus propios intereses, por ello nunca entendieron que la fiesta de Jesús era la fiesta de la fraternidad.

Jesús es tenaz y constante ante su misión. No tiene ningún miedo al poder, ni siquiera a un hombre tan poderoso y cruel como Herodes, al cual lo pone en su sitio cuando alguien lo menciona y se dirige hacia él en términos de «don nadie», dado que el que gobierna de forma abusiva y desleal con sus iguales no merece ningún tipo de gloria, y como para Jesús todo el mundo era igual, no tenía miedo alguno a un tirano que se creía superior al resto de hombres por el mero hecho de ser gobernador.

Jesús dice dos frases muy interesantes: «Ninguno de aquellos invitados probará mi banquete» y «Dichoso el que coma en el Reino de Dios».

Es evidente que Jesús nos invita a seguirle, pero en muchas ocasiones nos resistimos y le ponemos excusas, con lo cual no podemos disfrutar de la paz que nos ofrece. Seguirle, en palabras de Naim, significa: «Dar lo mejor de uno mismo en todo momento y en todo lugar, donde el servicio se convierte en la piedra angular sobre la que gira la vida de Jesús. Es un salir de uno mismo para ponerse en movimiento».

Otra frase que conlleva una gran carga de humanismo es la que dirige a sus discípulos cuando María Magdalena le lava los pies a Jesús con sus lágrimas y se los enjuga con sus cabellos, derramando sobre la cabeza de este un frasco de perfume carísimo y de enorme valor. Los discípulos rumorean entre ellos lo que hacía María, criticándola por haber derramado un dinero precioso que podrían haber utilizado los pobres; sin embargo, Jesús les dice: «Dejadla, ¿por qué la molestáis? Ha hecho una buena obra conmigo. Ha hecho lo que podía. A los pobres los vais a tener siempre, pero a mí no».

A Jesús no le importa que María Magdalena derroche su dinero, pues a los pobres los tienen siempre porque no los socorren. Al fin y al cabo, los actos generosos nunca tienen que menospreciarse. No hay que ser rácano. Es un acto de amor, como si le estuviese diciendo con palabras: «Toma Jesús, lo mejor y más valioso que tengo te lo doy con toda mi alegría, con todo mi amor y sin esperar nada a cambio porque lo mereces». Y es que ante el gozo de alguien que actúa contigo de forma generosa, no se le puede achacar nada, sino agradecer el detalle.

¿Y yo, qué soy capaz de derrochar por Jesús?

Día 18

Hoy parece que toca día de descanso. Naim ha venido un poco más temprano de lo habitual y me ha leído una sola lectura, de la cual rescato la siguiente frase:

«Yo soy el buen pastor. El buen pastor da su vida por sus ovejas». Según Naim, el buen pastor no huye, porque se ha implicado con los pequeños y los abatidos, siendo capaz de entregar su vida con tal de protegerlas. Veo, por tanto, que Jesús deja entrever que está dispuesto a dar su vida con tal de que los hombres escuchen la Buena Noticia.

Cada día, me parece más extraordinario este Jesús de Nazaret. ¿De dónde sacaba el coraje para enfrentarse a letrados y sumos sacerdotes? ¿Cómo es posible que consiguiese vencer el miedo a la muerte, sabiendo que ir a Jerusalén le supondría morir crucificado? ¿Qué hubiese pasado si hubiese seguido su camino por otras aldeas de la pequeña Israel y no hubiese entrado en disputas con los poderosos? Bueno, imagino que si uno quiere llevar un mensaje hasta las entrañas del pueblo, es imposible esquivar a quienes debían modificar su conducta y su forma de actuar. Supongo que comportarse con la naturalidad y la transparencia que él mostraba llevaba unos riesgos implícitos, los cuales asumió desde el primer momento que salió a trasmitir a los cuatro vientos que la vida no puede estar regida por creencias que atan la libertad del hombre, sino por creencias que la liberan.

¡Vaya sorpresa me ha dado Naim al regresar al hospital una hora después de su charla, una vez había acabado la contemplación! Ha traído una pizarra y un rotulador negro. Al principio pensé que querría dibujar algo y mostrármelo, pero, en cuanto ha dibujado el abecedario sobre la misma, he comprendido perfectamente qué pretendía. Por fin podría comunicarme, sin tener que estar coaccionada a un mundo de preguntas provenientes del exterior, cuando lo que más necesito en estos momentos es poder expresar mis sentimientos e interactuar con aquellos que me visitan.

Naim me ha explicado que nos comunicaríamos con el lenguaje de signos que él traduciría en letras, de manera que pasaría el rotulador empezando por la letra A y seguiría recorriendo las letras del abecedario hasta que yo pestañease dos veces seguidas, que significaba que él debía parar, y apuntar la letra elegida debajo, realizando el mismo ejercicio tantas veces como fuese necesaria hasta formar la frase que yo quería transmitir. No ha sido difícil, aunque el proceso puede resultar tedioso por su lentitud, ya que cada frase requiere de mucho tiempo. No obstante, ha sido el mejor regalo que podía recibir, y ello ha permitido iniciar una conversación de lo más interesante. Le he contado de la forma más breve posible toda mi experiencia acerca de cómo he pasado los último días, lo ilusionada que estoy por seguir conociendo la vida de Jesús y también le he confesado el miedo que a veces aflora en mi corazón, porque cabe la posibilidad de que no regrese a mi estado habitual y me quede enterrada bajo mi propio cuerpo, a lo que me ha respondido:

«Cristina, entiendo perfectamente cómo te sientes, no es nada fácil vivir sin aquello a lo que tan acostumbrada estabas y que ahora tanto valoras porque no eras consciente de lo que tenías. Entiendo tus preocupaciones, tus miedos y la ansiedad que te genera la duda de si podrás volver a caminar y hacer una vida normal o si por el contrario tienes que sufrir el duro revés de permanecer anclada en una cama o en una silla de ruedas para el resto de tu vida. Es una situación muy compleja y no importa lo que te pueda decir, porque nada cambiará tu estado y el dolor que supone el perder el vehículo que trasporta a nuestra alma y con el cual nos servimos para sobrevivir. De momento es demasiado pronto para emitir conjeturas, dado que los médicos consideran que necesitan un cierto margen para averiguar qué es lo que le sucede a tu cuerpo y si puedes llegar al menos a recuperar parte de tu movilidad. Lo único que puedo decirte es que tengas fe, que procures vivir el tiempo que nos queda de terapia con la ilusión de conocer un poco más a Jesús de Nazaret, que es el único que puede darte la fortaleza que necesitas en estos momentos. Si entras en la dinámica del derrotismo y empiezas a culpabilizarte, lo único que conseguirás será entrometer a tu yo en cada una de las contemplaciones que estamos realizando. ¿Crees que serás capaz de seguir hacia delante o no te ves con fuerzas para continuar?».

Mi respuesta ha sido contundente. No solo le he dicho que me veía en plenas facultades mentales para seguir haciendo los ejercicios, sino que estaba deseando que llegase el día siguiente para continuar.

Lo que no me esperaba es la sorpresa que me tenían guardada mi madre y Naim, quienes con esmerado cuidado me han sentado en una silla de ruedas. No se me había ocurrido que podría salir de la habitación con los goteros a cuestas, pero Naim empujaba la silla y mi madre esa especie de percha metálica con ruedas que se ha convertido en mi sombra, pues en ella se encuentra el alimento que recibo cada día.

Hemos atravesado los pasillos y hemos salido al jardín exterior que rodea al hospital. ¡Una auténtica joya cargada de vida, donde el color verde de las plantas y los distintos colores de las flores se entremezclan para ofrecer un auténtico espectáculo de luz y color! También he tenido la oportunidad de disfrutar del aroma de unas plantas cuya existencia había pasado desapercibida en mi vida hasta el momento. Cerraba los ojos y respiraba su pureza, palpaba con mi olfato su fragancia y, luego, cogía una de ellas con mi imaginación y la acariciaba con mi mirada. ¡Ha sido maravilloso!

Lo más curioso es que por primera vez veía gorriones y palomas a mi alrededor. ¿Acaso era el único lugar capaz de albergar vida a su alrededor o más bien yo no había sido capaz hasta el momento de distinguirlos cuando volaban a mi alrededor? No me he culpabilizado por mi pasado, simplemente me he quedado prendada de ver cómo un gorrión, con suma inocencia, se movía de un sitio a otro dando pequeños saltitos y me deleitaba con una melodía que jamás había escuchado. Nos hemos ido acercando hacia él, hasta que hemos invadido su espacio de seguridad y ha decidido ponerse en su medio natural donde mejor se mueve: el aire. No obstante, he tenido la oportunidad de poder ver su carita. ¡Parecía que sonreía! En pocos segundos me ha dado una de las lecciones prácticas más importantes que he recibido en mi vida. Ha sido capaz de transmitirme a través de su ejemplo la vida de Jesús, la forma más primitiva de vivir, el resultado de la Buena Noticia. Ese gorrión era completamente libre, sin apego alguno, capaz de vivir el momento presente entre cánticos y bailes, mostrando al mundo lo que mejor sabía hacer mientras se deleitaba comiendo las migas de pan de aquellos que iban a almorzar al jardín. Permanecía tranquilo, sin emitir juicios ni ofensas, donde las envidias y las grandes pretensiones no estaban en su campo de visión, simplemente vivía sin preocupaciones los días que el misterio de la creación le había concedido. ¡Qué ejemplo para los hombres!

Luego, me he percatado de unos lirios que había en el lateral del camino que estábamos siguiendo, momento que han aprovechado mis dos acompañantes para sentarse sobre un banco de madera. Mientras ellos se han enfrascado en una interesante conversación sobre las nuevas tecnologías, yo seguía contemplando los preciosos vestidos que lucían aquellas princesas, que bailaban al son de la música marcada por la brisa. Era como estar en un teatro y contemplar un espectáculo de danza, pero al aire libre.

De repente, con una fuerza espectacular, la flor me ha enviado un mensaje que quiero enmarcar para el resto de mi vida, pues me ha mostrado cómo ella tampoco podía desplazarse, pero a pesar de todo ofrecía lo mejor que tenía: su fragancia y un vestido bordado de color blanco. No podía hablar con nadie, al igual que yo, pero a pesar de todo permanecía feliz en la vida, anclada en una misma superficie donde nació y donde morirá. No podía visitar a nadie, más que atender las visitas de aquellos cuya existencia no pasaba desapercibida y se paraban a mirarla o, a veces, aquellos que tenían desarrollada en mayor medida la capacidad de observación, llegaban incluso a agacharse con el fin de comunicarse con ella y saber más acerca de la misma. Ella se expresaba con su fragancia, mientras que yo me comunico con mis ojos. Aunque he observado que lo que más le gustaba era cuando algún pequeño insecto la visitaba y acariciaba sus pétalos, llegando a sentir el mismo cariño que yo percibo cuando mi madre pasa su mano sobre mi frente y me habla con cariño. Por otro lado, también me he dado cuenta de que aquella flor no estaba excluida de atravesar momentos difíciles, como cuando el sol desaparecía largo tiempo entre las nubes y sus hojas empezaban a marchitarse porque no podían realizar la fotosíntesis, alimento necesario, igual que le ocurre al hombre cuando su espíritu se desvanece si no se alimenta su alma con palabras de vida.

¡Toda una maestra! ¡Toda una lección!

8

Día 19

Normalmente me despierto temprano, pero hoy no sé por qué me he despertado con la voz de Naim. ¡He dormido diez horas seguidas y de tirón! Supongo que la excursión de ayer me produjo más cansancio de lo normal y me dejó tan buen sabor de boca que he dormido a pierna suelta.

«Cristina, vamos a entrar en la tercera fase de los ejercicios espirituales, donde conocerás en primicia la pasión de Jesús, un auténtico calvario fruto del amor extremo que tenía Jesús hacia la humanidad. Comenzaremos con el lavatorio de los pies, donde Jesús se ciñe la toalla y lava los pies a cada uno de sus discípulos. Una fiel estampa que refleja la vida de servicio de Jesús —me explicaba Naim, mientras yo escuchaba con atención—. ¿Por qué tiene ese gesto con sus discípulos? Para romper con el mundo vertical y establecer un mundo horizontal. Desgraciadamente algunas personas necesitan tener a alguien por debajo para sentirse alguien, que a su vez necesitan tener a alguien por encima para que lo elogie. Y eso es lo que querían los discípulos, como el caso de Pedro, que quería a un Jesús en el poder para ocupar su mano derecha y como no quería perder su estatus se negó en primera instancia a que le lavase los pies —tras una breve pausa prosiguió—. Si te das cuenta, Cristina, no hace falta humillar a nadie, ni adular a otro para vivir y, sin embargo, en la trama de lo cotidiano también actuamos con verticalidad. ¡Cuántas personas por ocupar un cargo que les da un poco de poder se han trasformado en personas tiranas! Por ello Jesús se pone a servir, dando ejemplo de fraternidad e igualdad, porque es plenamente consciente de que todos somos iguales, no existiendo nadie superior a otro, y el que lo creyere no es más que un cretino. No hay que magnificar ni empequeñecer a nadie, porque el hombre es hombre en sí; no es rango, ni dinero, ni carreras universitarias, ni prestigio, ni fama».

Las palabras de Naim han sido una auténtica lección para reforzar mi autoestima, porque si nuestro amor propio lo forjamos a través de la imagen que percibimos de los demás, cuando no existen posibles comparaciones o nos sentimos exactamente igual a los demás, nuestra autoestima no resulta dañada.

Naim me ha hecho una pregunta comprometedora: «¿Qué es más grave: ofender a un rey o a un mendigo?». Al principio he pensado que ofender a un rey sería más grave, pero me he dado cuenta, antes de responderle, de que la ofensa no se puede medir por el estatus social de la persona, cuando todos somos iguales, independientemente de que uno tenga dinero y poder, y el otro no. No porque una persona haya heredado de sus antepasados un título nobiliario a través de la fuerza y la sangre es más que una persona desfavorecida y sin medios. Ambas son personas y, por tanto, ambas se merecen el mismo respeto. El problema es que el primero le hace creer al otro que es más importante, cuando en realidad no es más que un vividor que no ha conseguido nada por sus propios medios, sino a través de la imposición de una ley que ha sabido conservar y mantener, lo que le ha permitido vivir del cuento y a todo lujo gracias a la explotación de los trabajadores y a la manipulación de los medios de comunicación, cuya misión no es otra que salvaguardar el estatus socio-económico que tiene, potenciando su imagen a costa de olvidar la del otro, con lo que las mentes quedan empequeñecidas y aletargadas, dejándolas sin voz ni voto. Y es que desde antaño hemos tenido señores feudales que explotaban al pueblo a través de la fuerza, obligándoles a pagar grandes tributos para no tener que trabajar; años después, todo sigue igual, los políticos y los reyes ya no necesitan imponerse con la fuerza, sino que, como ya hemos evolucionado, les sobra con imponer unas leyes cargadas de privilegios para ellos mismos y de obligaciones para los demás. Pero ¡Jesús quiere cortar con todo esto! ¡Asombroso! Teniendo el carisma de revolucionar un país y convertirse en un gran gobernador, decide romper con toda la corrupción del mundo para derrocar a los poderosos y ensalzar a los humildes.

Cuando contemplo a Jesús visualizo a un volcán de amor, a un hombre cargado de bondad, de misericordia, de ternura, un manantial de paz y de agua viva. Pero no existe el amor sin sufrimiento, por ello entra en la pasión. Tenía tanto coraje que decide no retirarse ante la adversidad y se implica con su mensaje hasta el final. Es digno de alabanza porque no le quitan la vida, sino que la da.

Jesús es puro desprendimiento y derroche de generosidad, defiende el derecho de los débiles y nos enseña que para vivir en comunidad hemos de ceder a favor del otro; aunque basta que uno no quiera ceder para que entremos en conflicto.

En fin, voy aprendiendo acerca de la psicología y la filosofía de Jesús, pero creo que en la actualidad es francamente difícil llevarla a la práctica dado que las estructuras políticas están muy definidas y nos tienen cogidos de pies y manos. Antes teníamos a los sindicatos como símbolo de unión y de defensa del trabajador, pero la mano negra de los poderosos ya está detrás, y los directivos de estos gremios no son más que títeres que mueven los hilos al son del poder, consiguiendo de este modo aislar a los trabajadores y que queden desamparados bajo el despotismo de aquellos que nos manejan como marionetas en un circo. No obstante, también soy consciente de que cada uno tiene que apechugar con su vida de la forma que considere oportuna, porque una persona no puede cambiar el sistema, ni tampoco somos quiénes para intentar cambiar a los hombres. Jesús nos ofrece la Buena Noticia y un modo de vida muy distinto al que estamos acostumbrados. Será desde nuestra libertad donde decidiremos el camino a seguir. A mí, personalmente, me encantaría ser capaz de seguirle, pero ¿seré capaz?

Día 20

El día amaneció nublado, con ráfagas de viento y amenaza de lluvia, contagiando al estado anímico de algún que otro empleado del hospital. Como no hago nada a lo largo del día, me resulta mucho más fácil observar el rostro de las personas y ver cómo se sienten. Existen momentos en los cuales ni siquiera hace falta que hablen, pero sé perfectamente lo que están pensando. Así, la señora de la limpieza que limpia diariamente la habitación, mostraba esta mañana una mirada más triste de lo habitual. No presentaba ninguna dolencia física, tampoco había discutido con nadie en el trabajo, dado que acababa de empezar su turno, por lo que no me ha resultado difícil deducir que los problemas los traía de casa. Y si cuando abandona la habitación te dice: «Cristina, lamento que todavía no puedas hablar, pero a más de uno le iría bien no hacerlo», entonces quedan claramente ratificadas mis sospechas. ¡Menudo campo de batalla puede convertirse la convivencia matrimonial! Los solteros sufren a causa de la soledad y envidian a los casados, mientras que estos últimos a veces desearían disfrutar de la tranquilidad y la libertad que tenemos los solteros. ¡Vaya paradoja!

De igual modo, he observado que Luisa y Tere, las enfermeras que suelen lavarme por las mañanas, habían discutido entre ellas. El hecho de no mirarse a los ojos, como suelen hacer con asiduidad, me ha indicado que algo no estaba funcionando entre ellas. Incluso mi madre mostraba un rostro fatigoso, más serio de lo normal. Me da la impresión de que lo está pasando mal y que debería tomarse al menos un par de días de descanso; aunque a mí me hace mucha compañía y egoístamente hablando la necesito, pero creo que lo mejor para ella sería irse a mi piso y hacer un paréntesis.

Sentía curiosidad por saber con qué estado de ánimo vendría Naim. ¿Acaso el mal tiempo afecta a todas las personas?, me preguntaba. Sin embargo, su mirada mostraba la misma quietud que siempre, como si las nubes no fuesen con él, que, al fin y al cabo, es como debe de ser.

«Nuestra cultura nos dice muchas mentiras de lo que es ser hombre o mujer —me decía el guaperas de Nazaret—. A lo largo de nuestras vidas los hombres experimentamos el fracaso y la soledad. Unos saben afrontarlo y otros, los más inmaduros, especialmente aquellos que no han podido adquirir un desarrollo personal completo porque se han acomodado a que sus padres se lo den todo hecho, caen en profundas depresiones y se hunden en cuanto las cosas no funcionan como ellos esperan.

»Jesús también experimentó fracaso y el abandono de aquellos que se suponía eran sus amigos, pero huyeron como ratas en cuanto las cosas se pusieron un poco feas. El miedo les ganó la batalla y su espíritu de supervivencia les llevó a salir corriendo; de manera que Jesús asume nuestra realidad: un Cristo que no interesa y que tendrá que experimentar el límite físico y psíquico.

»Cuando hagas la contemplación podrás ver cómo en Getsemaní te encontrarás con un Cristo abandonado y abatido, incluso negado por su amigo Pedro —quiso puntualizar—, que pasó por la soledad y que será torturado, identificándose con el sufrimiento del mundo».

Efectivamente, he tenido la oportunidad de vivenciar la escena del Huerto de Getsemaní de forma tan real que parecía que me hallase presente junto a Jesús. De hecho, subrayaría tres frases en especial del Evangelio de San Marcos:

«Siento una tristeza mortal; quedaos aquí velando».

«Abba, tú lo puedes todo, aparta de mí esta copa. Pero no se haga mi voluntad, sino la tuya».

«Velad y orad para no sucumbir en la prueba. El espíritu es decidido, la carne es débil».

Jesús experimenta el miedo y la tristeza profunda propia de cualquier ser humano, pero me ha resultado curioso que para fortalecer el espíritu decidiese orar al Padre, anteponiendo su voluntad a la suya propia. Sabe que su única arma y consuelo es la oración, pero con efectos tan poderosos como la fuerza de un huracán.

Mientras meditaba las frases, me preguntaba si en ellas había un mensaje encerrado para mí, y sentía que Jesús me invitaba a imitarle, a poner mis problemas ante Dios y confiar en su voluntad, la entienda o no, me guste o me disguste. Por más que pudiese quejarme de mi situación, ¿qué iba a conseguir? El caer en las lamentaciones no me ayuda a nada. ¡Es absurdo gastar más energía en suposiciones y sueños irreales! Si algún día tengo la fortuna de volver a caminar, caminaré, pero no porque yo lo esté suplicando o me rebele contra mi estado actual. De ahí que Jesús acepte su situación, pidiendo únicamente a sus discípulos que se quedasen velando con él para afrontar la soledad y el mal trago que le venía encima. Sin embargo, primero se durmieron y, luego, le abandonaron, huyendo despavoridos.

En la segunda contemplación, donde Jesús es apresado y llevado ante los líderes religiosos, veía a un Jesús que permanecía callado ante las acusaciones e injurias que lanzaban contra él. Todo el sanedrín estaba en su contra, hasta el punto que incluso los criados se pusieron a escupirle, a taparle los ojos y darle bofetadas, con el único fin de brillar con su actitud ante los sumos sacerdotes.

¿Por qué actuaron así aquellos hombres ante alguien que nada les había hecho? Una vez más puedo ratificar que el miedo a perder el poder mueve al ser humano hasta límites crueles e insospechados, jugando sucio, mintiendo y manipulando la información con tal de no perder privilegios. ¡Cuánta cobardía por parte de unos, y cuánta valentía y coraje por parte del que era inocente!

Realmente Jesús ha conseguido mostrarme que, si existe un Dios, este no reparte sufrimiento, de lo contrario sería un Creador manipulador y tirano; aunque yo misma, y de ello no ha transcurrido mucho tiempo, llegué a pensar bien en un Dios cruel y terrible o en su no-existencia, porque el mundo está demasiado roto para poder creer en Él; pero ahora me doy cuenta de que el sufrimiento que existe en la Tierra lo origina la raza humana. ¿Quién inicia las guerras? ¿Quién abandona a los pobres? Es el propio hombre el causante de todo sufrimiento. En cuanto a los desastres naturales, es el ritmo de la naturaleza quien los causa, no veo la mano de ningún Dios ahí, más bien el respeto al orden de la creación. Lo único que no entiendo, porque es ajeno al hombre en la mayoría de las ocasiones, es la enfermedad. Desde luego que si algo tuviese que reprocharle al Creador sería el permitir la existencia de las enfermedades. Está claro que la mía fue causada por mi impulsividad, por ese pronto que me pierde, pero ¿qué pasa con los cánceres y otras tantas enfermedades congénitas? No tengo respuesta para ello, lo único que se me ocurre es que jueguen un papel de purificación entre los hombres, para que seamos conscientes de nuestras debilidades, de la importancia de la humildad y de la fraternidad.

Jesús rompe con la imagen distorsionada de Dios y nos revela la verdadera cara de ese a quien llama Padre, que parece quiere implicarse compasivamente con el dolor del mundo. Jesús nos invita a vivir el día a día, a ser plenamente conscientes de cada momento, de cada ínfimo detalle que nos puede infundir un cántico de alegría.

En la tercera contemplación me quedo con la frase que le dice Jesús a Pedro:

«Antes de que el gallo cante dos veces me habrás negado tres».

Cuando uno niega a alguien es por vergüenza ajena hacia el otro. Pedro, la piedra en la que Jesús debía construir su Iglesia, no tuvo reparo en negarle. El miedo lo había dominado, la situación le venía grande, así que Jesús se encontró completamente solo en su calvario.

Las últimas horas que padeció Cristo fueron extremas, de una dureza sin precedentes. El poder era más importante que la misericordia y la compasión hacia los seres humanos. El hombre decidía prescindir de quien se confesaba como el Hijo de Dios; no solo fue juzgado, sino burlado, maltratado, despreciado, insultado, golpeado y abandonado a una de las muertes más dolorosas: la cruz, símbolo de humillación vejatoria, que garantizaba una muerte lenta, amarga y agonizante, propia de las torturas romanas. ¡Cuánto coraje, amor y valentía necesitó para aceptar esa muerte! Aunque lo que más me sorprende es la brutal confianza que tuvo en Dios, que ni la pasión ni la muerte pudieron quebrantarla.

En la cuarta y última contemplación, en la que se repasan las tres anteriores, me deleito contemplando a un Jesús que decide no gastar un segundo de su tiempo en defenderse contra los cargos difamatorios que utilizaron en su contra, y en ningún momento opta por devolver mal por mal. Permanece en silencio, probablemente orando al Padre y viendo que delante de él no había más que pobres criaturas agonizando por conseguir un poco de vanagloria y poder, pero que en el fondo no eran más que unos pobres infelices y miserables. Con esa actitud, Jesús me enseña a responder con sumisión ante las ofensas, que no pueden ir ni llegar nunca contra mi ser, ya que ni siquiera la muerte tiene poder sobre mi alma que es eterna. De ahí extraigo una conclusión: cuando tenemos adquirida una verdadera identidad, poco importa lo que digan o piensen los demás.

Ha sido curioso que por un momento he llegado a sentir compasión por mi jefe. ¡Pobre miserable, tan cargado de orgullo y vanidad!

¿Realmente seré capaz de perdonarle?

Día 21

Sigo maravillándome al ver que cada amanecer es distinto al anterior, aún estando en un mismo lugar, sin opción a experimentar nuevas sensaciones con mi cuerpo, lo cual no deja de sorprenderme. Por ello quedo cautivada ante el impresionante mundo de las emociones, ya que juegan un rol fundamental en nuestras vidas, siendo completamente espontáneas, libres de todo control y ajenas en muchas ocasiones a nuestra voluntad.

A veces sueño que me convierto en la dueña de mis emociones y sentimientos, teniendo la capacidad de dirigirlas según yo quiera, derrocando del poder a la tristeza y a la apatía, y nombrando a la alegría y a la felicidad como reinas de la fortaleza donde habito, dado que soy la única persona que tiene control absoluto sobre la misma, y que todas las personas que restan tras la muralla no pueden ejercer dominio sobre mí, a no ser que yo misma abra las compuertas y me deje invadir por sus palabras y acciones, que son tan irreales como un fantasma, pero que yo puedo llegar a creerme y, como consecuencia, convertirme en prisionera de mi propia mente, acabando en las mazmorras, encerrada con una puerta de acero imaginaria tan real, que ni siquiera me atrevo a intentar romper.

Durante el día de hoy, Jesús me ha enseñado cómo el interior de su fortaleza permanece limpia y pura, resultando infranqueable. Podrán golpear la muralla, ese cuerpo endeble y frágil que todos poseemos, pero nadie tiene el poder suficiente para penetrar en su interior, dado que el ser es impenetrable.

El problema radica en que la mayoría de nosotros se empeña en amarrar a nuestro ser y atarlo con cadenas, todas ellas imaginarias, por supuesto, pero actúan como una cuerda alrededor de la pata de un elefante, que desde pequeños se le pone para que no se muevan, y cuando crecen siguen creyendo que no pueden moverse, a pesar de poseer tanta fuerza que con un mínimo movimiento quedarían en libertad.

¿Por qué nos empeñamos en descender hasta nuestras mazmorras y no morar en los mejores salones con espectaculares vistas a la libertad? ¿Por qué nos atamos con falsas cadenas y nos flagelamos, en lugar de sentarnos a saborear el increíble banquete que alimenta nuestro espíritu con ricos ingredientes de paz, armonía y fraternidad? ¿Por qué nos atamos cadenas innecesarias forjadas con pesadas bolas de hierro oxidado provenientes de nuestro pasado que no nos dejan disfrutar del momento presente y castigan con dureza al único tiempo real?

Afortunadamente, Jesús ha sido capaz de mostrarnos la única forma de romper con todas esas cadenas que oprimen al hombre, manteniendo incluso la entereza hasta en la propia cruz.

Cuando esta mañana Naim me hablaba de la crucifixión, veía dos mundos tan distintos. Por un lado estaban los que en teoría se creían piadosos y cuya dureza de corazón mostraban con sus palabras: «Venga, bájate de la cruz», no entendiendo que Jesús quería mostrar que Dios es amor, y todo lo que no es amor, no es Dios; mientras que por otro camino muy distinto estaba Jesús, que hacía caso omiso a las humillaciones porque el odio no tenía permiso de entrada en su corazón, dado que en él reinaba, plácidamente y a sus anchas, el amor.

¡Por fin entiendo el símbolo de la cruz que utilizan los cristianos! La cruz nos revela la vulnerabilidad del ser humano; la cruz abraza toda la realidad, hasta las miserias del hombre; la cruz nos muestra que la historia de la especie humana ha sido un matadero, por ello los cementerios están llenos de héroes o camicaces, según se mire; la cruz nos redime de la blasfemia y la idolatría, teniendo en cuenta que la blasfemia no es otra cosa que utilizar el nombre de Dios para justificar nuestras intenciones o generar dolor en su nombre; y la cruz tiene una tremenda capacidad de sanación, ya que nos redime de la mentira sobre nosotros mismos y abraza, bendice y sana toda realidad: éxitos, fracasos, penas y glorias.

Mientras Naim leía el vía crucis al que fue expuesto Jesús, yo me regocijaba en repetir en mi corazón alguna de las frases, que luego he podido contemplar:

«Lo forzaron a cargar con la cruz». Frase que me enervaba por dentro, porque no existe nada peor y más cruel que otro ser humano nos haga llevar cruces para su deleite, por egoísmo o sadismo. ¡Solo deseo que mi vida no sea una cruz para nadie!

«Que baje de la cruz para que lo veamos y creamos». Ciertamente resultaba difícil creer que un hombre pudiese ser el mismo Dios encarnado, pero, si de algo estoy segura, es que el Dios de Jesús no ofrece espectáculos, más compasión y misericordia.

«Padre, perdónales porque no saben lo que hacen». Es impresionante la misericordia de Jesús. Después de todas las vejaciones que tuvo que soportar, además de la tortura, no guardó ningún tipo de rencor hacia aquellos que le estaban asesinando, sorprendiéndonos con palabras de perdón. ¡Aún en la cruz era capaz de ver a los que le maltrataban como criaturas de Dios!

Un pasaje que nos invita a mirar a Jesús en los momentos difíciles y ver la confianza que tenía depositada en el Padre. Sin duda, una clara invitación al perdón, ya que el odio actúa como la carcoma: te va minando sin que apenas te des cuenta.

Me resulta un acto heroico y admirable, dado que yo no hubiese sido capaz de dar mi vida y menos teniendo que soportar una pasión tan humillante y cruel. Aunque si ello me parece algo sobrenatural, más extraordinario me resulta la capacidad de perdón que mostró Jesús, ya que, en su lugar, yo me habría encolerizado con cada una de las personas que hubiesen pretendido bajar el telón de mi vida.

Ojalá sea capaz de tomarme las cosas con la filosofía de Jesús, sin dejar penetrar en mí el odio, siendo capaz de ver en el otro sus debilidades para que actúen como un estímulo de misericordia que adormezcan los sentimientos de ira que brotan espontáneamente en mí y así germine la semilla del perdón.

Día 22

Después de tanto tiempo contemplando la vida de Jesús, me da mucha pena el llegar a su muerte, cuando las tinieblas ensombrecieron la Tierra porque el hombre más bueno de toda la historia exhaló su último aliento.

En este día de silencio y duelo, Naim me ha indicado que contemple el dolor de la madre de Jesús, María. Y es que María sufrió el suplicio más hiriente que una madre puede sentir: la pérdida de un hijo. Un dolor desgarrador que golpea con la fuerza de un tsunami, que invade con sus aguas mortíferas hasta las entrañas del ser, arrasando con todos nuestros proyectos y dejándonos desnudos, a la intemperie, sin posibilidad de reconstruir una morada que ha quedado completamente devastada y donde solo queda el silencio amargo acompañado del llanto que intenta consolar al alma.

En esta contemplación veía a María silenciosa, triste y desconsolada, acatando de forma incondicional lo que parecía ser la voluntad de Dios.

He intentado ponerme en su lugar, pero, de repente, todos los miedos que he ido afrontando a lo largo de este tiempo, han regurgitado de mi interior con tanta fuerza que casi no podía ni respirar. El sinsentido se ha adueñado de mi ser y he acabado compadeciéndome de mi situación actual, para acabar preguntándome: ¿murió Jesús en balde o realmente con su muerte fue capaz de redimir al mundo?

La búsqueda de respuesta despierta en mi interior una batalla difícil de controlar, donde la razón lucha a corazón abierto contra la fe, forjándose un fiero combate en el que por más que inconscientemente apoyaba a la razón, ésta sucumbía inexorablemente ante la fe. Pero lo que sucede y no encuentro explicación alguna a mi sentir, es que cuando permito que entre la fe en mi interior, mi alma se apacigua y mi ser se carga de oxígeno, reconfortando de este modo a mi espíritu. Aunque me gustaría tener pruebas claras y visibles de la existencia de Dios, porque pienso que no tiene sentido tener fe para sentirme mejor, si luego todo es una mentira. No obstante, experimento la paz de Dios sin grandes signos, simplemente a través de la oración y la vida en silencio.

A pesar del misterio de la vida y de la existencia o no de Dios, sí que tengo claro que los humanos no podemos instalarnos en el dolor y en el sufrimiento, por más que el sufrimiento te fortalezca. Jesús vino para aliviar sufrimientos, y su espíritu, su memoria, nos tiene que ayudar para luchar contra las redes de muerte, de manera que recibamos la fortaleza necesaria para asumir nuestra condición humana. De ello deduzco que el único sufrimiento que redime es aquél que yo sufro para evitar el del otro, y entiendo que Dios no intervenga mágicamente para evitarnos el dolor o la adversidad. Lo cierto es que todo hombre sufre y por ello muchos buscan anestesiarse con las drogas, el alcohol o el sexo, así como no viviendo y disfrutando de la realidad, que a veces es tan dura que nuestra mente se defiende llevándonos al futuro o al pasado. Vil mentira contra la que hemos de luchar.

Antes de que Naim se marchase, me ha dejado una reflexión muy interesante: «Cristina, a la hora de afrontar un problema sin solución, ¿qué eres, playa o acantilado? El acantilado lucha con todas sus fuerzas contra el mar. Cruza una batalla endiablada, donde la fuerza del mar acaba rompiendo y desgastando el acantilado. La playa de arena, por el contrario, no se resiste a que entre el mar, asume el problema con tranquilidad hasta que el mar decide regresar hacia el horizonte, aunque luego volverá a atacar... Hay problemas con los que tendremos que luchar toda la vida, mejor aceptarlos y dejarse acariciar por ellos, como hacen los granos de arena de la playa, que combatir contra lo que es inexorablemente una batalla perdida. ¿Cuántas veces nos surge un problema y nos rebelamos contra él porque lo consideramos injusto o nos supera? Nos desgastamos luchando contra lo inevitable, en lugar de mirar el problema de frente, aceptarlo y afrontarlo. Por ejemplo, los complejos. ¿Quién no ha tenido un complejo alguna vez? Te rebelas contra él, una y otra vez. Todo ello en vano, porque se trata de aceptarte tal cual eres, no te queda otra. Aunque la tendencia humana es la de ser acantilado, hasta que estamos tan desgastados que comenzamos a ser playa y desde la tranquilidad y el silencio comenzamos a afrontar el problema, aunque parezca que el agua nos ahoga como a esos granos de arena que durante un tiempo les cubre el mar. Pero, si nos damos cuenta, el agua siempre retrocede y nos deja respirar: ¡siempre! Solo es capaz de ahogar la muerte, lo demás es aceptación. Es un hacerse humilde para doblegar a nuestro orgullo, y ese es un camino que dura toda la vida. Es un hacerse niño, un nacer de nuevo. ¿Estás preparada para nacer de nuevo con tu actual realidad?».

Dos preguntas que he rumiado en el silencio y que me han permitido conocerme mejor. Lo cierto es que siempre he actuado como un acantilado, rebelándome contra todo aquello que parecía no encajar en mi vida. He consumido todas mis energías en luchar contra lo que consideraba injusto, limitándome a juzgar y criticar a los demás por aquello que creía una injusticia; sin embargo, me doy cuenta de que con esa actitud no voy a ninguna parte. Los juicios debe llevárselos el mar e intentar permanecer firme y serena ante un problema que no tiene solución, como mi situación actual que, por más que la rechace, no puedo hacer nada. Ciertamente, la única manera de acogerla, como hace la playa con el mar, es naciendo de nuevo, para ello se necesita la inocencia y la humildad de un niño, capaz de iluminar su rostro aún en las condiciones más adversas. No cabe duda de que no ha existido un psicólogo mejor que Jesús de Nazaret y espero tener la fortaleza suficiente para abandonarme a los designios de la vida, fueren cuales fueren sus circunstancias, tal y como nos enseña el nazareno.

Día 23

Igual que un agricultor espera con impaciencia la lluvia que calme la sed de sus campos, así espero yo la visita de Naim. Palabras de agua viva que tonifican mi espíritu y calman mi sed. No obstante, tengo que confesar que en cuanto me ha dicho que hoy íbamos a rememorar la pasión de Jesús, me he quedado un poco desanimada. ¿Otra vez? Me he dicho. ¡Si ya la he contemplado! Sin embargo, una vez nos hemos puesto manos a la obra, se me ha hecho hasta breve y he podido contemplar la pasión con admiración. Me sigue sorprendiendo cómo Jesús utiliza el bien para vencer al mal.

Conmovedoras las palabras que dirige Jesús a Dios:

«Padre, si quieres, aparta de mí este cáliz. Pero no se haga mi voluntad, sino la tuya».

El instinto humano le pide una cosa, pero la voluntad divina y la confianza en Dios es lo que prima. Por ello recibe fortaleza y lucha por aceptar la realidad, sin evadirse de la misma y sin esconderse. Jesús afronta la pasión con entereza, aunque no fuese plato de buen gusto.

Me llama la atención la frase que le dice Jesús a Judas:

«Judas, ¿con un beso entregas a este Hombre?»

Ante la traición, Jesús no se irrita, no le ataca, pero en una frase le hace saber que es conocedor de su traición. A veces no hace falta decir muchas palabras para hacerle ver al otro su error. Cualquier otra persona habría insultado a Judas, pero Jesús le llama por su nombre como apelativo y, luego, le deja la pregunta retórica con la que sin ofensas le dice lo que ha hecho y cómo ha actuado.

No deja de sorprenderme la sed de venganza y la rigidez mental del ser humano, que para gozar tiene que ver sufrir a otro ser humano, por ello en el momento en el que Jesús fue juzgado por el pueblo, todos gritaron a coro:

«Crucifícalo, crucifícalo».

Cuando desaparece el humanismo, el hombre se convierte en un mero y simple animal. El propio ser humano se hace inconsciente al dolor ajeno e incluso se puede regocijar con él: ¡Que sufra más que yo! Parece como que viendo sufrir a otro se calma nuestro dolor, de ahí que tenga tanto éxito los programas de televisión en los que se machaca a un famoso con su vida privada hasta conseguirlo hundir en la miseria.

Pero si algo me sorprende de la pasión, son las palabras que tiene Jesús hacia aquellos que le insultan, lo humillan y lo maltratan porque, en definitiva, lo están matando cruelmente:

«Padre, perdónales, porque no saben lo que hacen».

Esa capacidad de perdón parece sobrenatural, una actitud impresionante dado el tormento y el sufrimiento por el que estaba pasando una persona que es condenada a muerte sin causa alguna. Además, es una clara invitación de Jesús a personar a todas aquellas personas que a lo largo de la vida me han ofendido.

El perdón es fundamental para avanzar y seguir adelante ligera de equipaje. El resentimiento es una cárcel que solo afecta al que lo tiene. Soy consciente de que si estas palabras retumban de nuevo en mi interior, es porque en verdad todavía no he sido capaz de perdonar de corazón a todos aquellos que me han ofendido. No obstante, solo tendría que escrutar las vidas de quienes me han hecho sufrir, para comprender que quien hace sufrir es porque está sufriendo. La comprensión es el aire que infla los globos de las ofensas y las libera en el cielo azul, dejando al alma libre de resentimientos e inmune ante los agravios.

En fin, la vida es muy complicada y por ello veo que la oración es el único camino que puede ayudarnos a combatir los miles de pensamientos negativos y problemas que aparecen en nuestro caminar diario. Si en los momento difíciles Jesús oraba con más fuerza, nos enseña de forma explícita que es el mejor instrumento que tenemos para no sucumbir ante las numerosas pruebas que hemos de afrontar en este misterioso y gigantesco universo.

9

Día 24

Naim me ha indicado esta mañana que a pesar de entrar en la última semana, no tengo que bajar la guardia. Sin embargo, yo no tacho los días, los disfruto y solo de pensar qué pasará con mi vida cuando acabe el mes con Naim, me entra pánico. ¿Cómo voy a vivir sin mi guía espiritual? Su presencia es como oxígeno para mis pulmones y sin él, sin sus enseñanzas, no sé cómo podré afrontar mi destino.

Cuando me ha informado de que hoy iba a ser un día de descanso, me he alegrado. Me ha explicado que en la última parte de estos ejercicios espirituales contemplaremos la resurrección de Jesús. Un enorme misterio porque la Biblia se puede interpretar de tantas maneras que una no sabe si creer que Jesús resucitó de entre los muertos, en el sentido literal de la palabra, o si se refiere a una resurrección espiritual, en la cual el espíritu de Jesús está vivo y presente entre nosotros. Mi razón me impide creer que su cuerpo resucitase, pues si así fuese, ahora sería un viejecito de dos mil años. Pensar que tras su resurrección, a los cuarenta días ascendiese a los cielos como si fuese un cohete, también me cuesta creerlo. Yo creo que se trata de una resurrección espiritual, no sé cómo Naim enfocará el tema. De momento, lo único que me ha dicho es que tengo que alegrarme porque Jesús nos abre el camino de la vida y nos ubica, siendo el profundo consuelo.

El día ha transcurrido con relativa normalidad, hemos dado un paseo por el jardín y cuando los goteros pedían un recambio, hemos regresado a la habitación. Ha sido entonces cuando he visto la sorpresa que me había preparado mi madre: ¡sesión de cine! Mientras estaba con Naim, la mujer se ha tomado las molestias de conseguir el equipo de cine que disponía el hospital.

«En las dificultades, uno puede seguir sonriendo —decía Naim, sentándose a mi lado derecho, mientras mi madre se acomodaba a mi izquierda—. Así que, nada mejor que una película que a mí parecer es uno de los mejores largometrajes que se han rodado hasta el momento: 'La vida es bella'».

El título me ha gustado y las palabras de Naim me han motivado a verla con mucho más interés de lo habitual. Si de normal veía la televisión con asiduidad, abstrayéndome en ella y dejando que transcurriesen las horas sin percatarme de que la realidad estaba pasando y yo estaba perdiendo el tiempo viendo programas absurdos, en esta ocasión tengo que confesar que mi actitud ha sido muy distinta. Estaba enormemente ilusionada de poder ver la película acompañada y no en mi soledad; además, era una oportunidad, no solo de disfrutar de una película, sino de aprender, dado que con Naim cualquier gesto esconde una enseñanza.

Mi madre ha apagado las luces y ha corrido las cortinas, mientras Naim ha puesto en marcha la película, que, sorprendentemente, me ha emocionado desde el principio. Me ha encantado el humor del personaje principal, un judío humilde y con un corazón enorme que nunca perdió el sentido del humor a pesar de vivir en primera persona lo que significaba estar en un campo de concentración nazi. Por su hijo fue capaz de resistir la esclavitud más cruel a la que ha sido condenado el hombre, todo porque un loco pensó que era una raza superior y por ello tenía que exterminar a los judíos. Veía en ellos a Jesús: seres inocentes que humildemente se vieron forzados a aceptar su condena a muerte. Torturados y humillados morían extenuados, como Jesús, o en la cámara de gas.

Me preguntaba una y otra vez, ¿por qué el ser humano tiene tanta sed de poder? Parece que el hombre sea una especie incivilizada, incapaz de vivir en paz. Cuando no hay guerra en un país, aparece un déspota, realiza una argumentación muy elaborada a la que todos creen, y comienza la guerra por intereses económicos.

Grandes genocidas han existido en la historia de la humanidad, pero no hace falta irnos hasta la época de Hitler para darnos cuenta de que en nuestros días siguen habiendo muchos Hitlers, como el caso de George Bush. Un presidente que, por mantener el estatus económico de su país, se inventó una guerra cuyo fin no fue otro que dar salida a su arsenal militar y abastecerse de petróleo. Luego, fueron mucho más inteligentes y crearon las redes sociales por Internet. Un arma letal para los países asiáticos, a los que incentivaron para rebelarse contra sus líderes políticos y de esta forma realizar intervenciones militares, como el caso de Libia, donde, una vez más, el petróleo se convirtió en un objetivo muy interesante para la Unión Europea, inmersa en una crisis energética que justificaba su intervención contra Gadafi. Sin embargo, a nadie le interesó Ruanda, donde la friolera cantidad de un millón de personas murió en aquella devastadora guerra civil. Los manipulados medios de comunicación se han encargado de justificar cada una de las intervenciones que se han hecho, convenciéndonos de que el país está regido por un dictador que el pueblo no ha elegido y que es necesaria la intervención militar para que los ciudadanos puedan disfrutar de una democracia. Pero ¿qué diferencia hay entre un rey y un dictador? Ninguno de los dos ha sido elegido por el pueblo, ambos se han instaurado en el poder sin posibilidad de elección. Es como si ahora viniese por ejemplo Irán y nos invadiese con el fin de liberarnos de nuestro rey, porque consideran que los reyes no son personas elegidas democráticamente por el pueblo y que lo único que hacen es oprimirnos con impuestos para que ellos se den la gran vida. No es difícil llegar a la conclusión de que ninguna guerra es justificable y que nuestra actual democracia es una dictadura encubierta. Los que están en el poder se aprovechan del pueblo llano, crean leyes que solo a ellos les benefician, como si fuesen una clase social distinta, y se permiten el lujo de atribuirse una serie de privilegios exacerbados propios de cualquier país regido por un dictador. Lamentablemente, si Jesús, el hombre más carismático y bueno del mundo, no consiguió llevar a cabo el reinado de paz que predicaba y fue cruelmente asesinado, dudo que aparezca otro hombre tan bueno como él y que pueda dar un giro a este mundo roto. La Tierra está demasiado contaminada para que se establezca un cambio radical en las personas, que nos haga más humanas y compasivas.

De este discernimiento llego a una conclusión: es inútil rebelarse contra las injusticias, porque los acantilados acaban cediendo ante la presión del mar; más bien mi misión en este mundo es convertirme en faro, aceptar la realidad tal cual es y transmitir luz a mi alrededor. Cuánto mejor esté yo, más potencia tendrá el faro y más barcos recibirán mi señal en la noche. Si mi luz es tenue, poco podré iluminar, y quien esté junto a mí puede ir a la deriva. ¡Cuántos matrimonios se han roto porque un miembro de la pareja dejó de brillar! ¡Cuántos jóvenes se han autodestruido, al no encontrar un faro que les orientase en su camino! ¡Cuántos hombres han acabado en las drogas por apagar su faro y naufragar en la vida! ¡Cuántas personas se han suicidado porque su luz se apagó y no se sentían útiles! ¡Cuántas personas han muerto asesinadas por otros que cegados en la noche perdieron el control del timón de su barco y acabaron empotrados contra los acantilados, sin ser conscientes de las personas que viajaban junto a ellas o de las personas que se llevaban por delante como si pisoteasen a una vulgar cucaracha! Sé que no podré cambiar el mundo, ni a un país o a una ciudad, ni siquiera a un barrio, pero qué bello es ser luz aunque sea para iluminar tu propia vida, con el beneficio implícito que ello conlleva, dado que irremediablemente irradias positivismo hacia aquellos que te rodean. Jesús fue capaz de iluminar millones de vidas, ¿por qué yo no puedo ser capaz de iluminar al menos una o de no apagar aquellas que se encuentran a mi alrededor? Hay personas que iluminan, otras que apagan. ¿Seré capaz de brillar entre las tinieblas que me acechan?

Día 25

Después del día tan fantástico que viví ayer con Naim y mi madre, además de la visita inesperada de mi hermano, me siento pletórica. He aguardado con suma expectativa la llegada de Naim, porque me moría de curiosidad por saber cómo enfocaría la resurrección de Jesús. Sin dicha resurrección, la vida del cristiano es un sinsentido, porque todo es una mentira.

Muchas preguntas anidaban en mi corazón, esperando recibir una respuesta que aliviase la incertidumbre que la resurrección de Jesús suscita en mi ser. Pero, ¿y si el cuerpo de Jesús fue robado por sus discípulos y por ello encontraron la tumba vacía? De lo que estoy segura es que una tumba vacía no lleva la fe a nadie, así que a mí personalmente eso me da igual.

Mientras divagaba y mi razón buscaba encontrar una respuesta a tan increíble misterio, ha llegado Naim con su semblante sonriente, tan feliz como de costumbre. ¡Qué envidia sana siento hacia él! El caso es que ha percibido la sed que tenía mi espíritu de escucharle y no se ha demorado en abrir un Evangelio y leerme el pasaje sobre la resurrección de Jesús. En él se nos narra cuando María Magdalena, una pecadora arrepentida, visita la tumba vacía de Jesús al tercer día después de su muerte. Mi interpretación de lo leído ha sido bastante elocuente. Desde mi humilde punto de vista, María Magdalena tuvo un encuentro místico con Jesús. En ese encuentro le llevó a la clara conclusión de que el espíritu de Jesús invadía con fuerza su corazón y le reconfortaba, sintiendo que tenía que ir a informar a los discípulos de que el espíritu de Jesús estaba vivo y que su corazón ardía de deseo por transmitir la Buena Noticia. Prueba evidente de ello es que durante el tiempo que Jesús estuvo en la Tierra y que le conoció, fue el único momento de su vida en el que verdaderamente pudo ser feliz.

Creo que la paz, el gozo y la alegría que se siente cuando Jesús está presente en nuestros corazones es muy distinta a la paz y el placer que nos da el mundo. La primera llena el vacío que el hombre siente por dentro, mientras la segunda es más superficial y menos profunda. Al menos yo he tenido la oportunidad de experimentar esas diferencias, por lo tanto puedo dar fe de ello y quiero dejar constancia en mi particular diario virtual. Espero, por tanto, que dicho mensaje quede grabado en mi interior y la luz de la esperanza ilumine el resto de mis días.

Como dice Naim, es admirable y sorprendente que aquellos discípulos temerosos que se escondieron como temerosas cucarachas tras la muerte de Jesús, por miedo a acabar crucificados de la misma manera, experimentasen cómo el espíritu del Mesías fortalecía lo débil y les reconstruía. Del miedo y la tristeza pasaron a la alegría y a la necesidad de anunciar la Buena Nueva que este les mostró.

También he disfrutado mucho con la lectura de 'Los discípulos de Emaús', cuando un peregrino se une a la conversación de dos discípulos que iban comentando por el camino el trágico suceso que le ocurrió a Jesús de Nazaret. Al parecer se trataba del propio Jesús quien se unió a ellos y les interpretó las Escrituras. Luego, comieron juntos y lo reconocieron al partir el pan.

Según Naim, fue como la celebración de la Eucaristía. Primero hubo una explicación de la palabra, y, luego, un compartir el pan en la mesa.

He podido observar cómo a esos dos discípulos les vibraba el corazón con la palabra, sin embargo, cuando se produjo la bendición del pan, pudieron entender la espiritualidad y lo que suponía la resurrección. Fueron capaces de comprender que Jesús, su espíritu, seguía vivo entre ellos y que el gozo que sentían era un gozo profundo, no del mundo.

Naim ya me explicó en su día que los discípulos de Jesús esperaban a un Mesías que los liberase de la opresión de los romanos, por ello no comprendieron a Jesús. Tuvo que morir para que entendiesen el significado que tenía el Reino de Dios. No se trataba de conquistar y derramar sangre, sino de servir y ayudarse los unos a los otros, teniendo misericordia de tantos pequeños excluidos de la sociedad, que, a día de hoy, siguen sufriendo el desprecio de los mayores. El Reino de Dios, por el contrario, es amor. Cuando damos amor somos felices, pero si competimos o pisoteamos al otro, aparece un vacío existencial que lo único que nos genera es sufrimiento.

Acabo el día con mucha paz y con un gozo hondo en mi pecho. ¿Qué más puedo pedir, si así soy feliz?

Día 26

Los días pasan con rapidez, casi sin darme cuenta estoy acabando una aventura que jamás habría imaginado terminase de esta manera: en un hospital, sin poder moverme, pero con un gozo exultante, rebosante de alegría y con mi espíritu cargado de esperanza y de paz.

Si habitualmente espero a Naim con impaciencia, el hecho de tratar un tema tan apasionante como es la resurrección y que todavía no acabo de entender, hace que ansíe todavía más su llegada. Mi corazón vibra igual que el de mi madre solo con ver su figura. Desde luego que no puedo estar más agradecida a una madre que en muchas ocasiones no he valorado lo suficiente. Se ha desvivido por mí, en todo momento, sin dejarme un solo instante, sufriendo a mi lado y en primera línea de batalla. Me conmovió cuando de madrugada me cogió de la mano y oró a su manera, creyendo que estaba dormida y que no la escuchaba: «¿Hay alguien ahí arriba que me escuche? Si existes, Dios, te pido de corazón que sanes a mi hija. Puedes dejarme a mí postrada en esta cama para toda la vida, pero, por favor, ten misericordia de ella, que es muy joven y todavía tiene mucho por vivir». Palabras que me han emocionado profundamente, porque una vez más me ha demostrado un amor incondicional, capaz incluso de dar su vida por mí.

En cuanto Naim se ha sentado a mi lado, mi madre, como de costumbre, nos ha dejado solos. Mientras abandonaba la habitación, he podido contemplar su figura con unos ojos renovados. Veía la humildad de una mujer que el destino ha querido que fuese mi madre, con la que tanto he discutido y, que, desgraciadamente, ahora me arrepiento horrores por cada palabra más alta que le he dirigido. Si hubiese podido, me habría levantado y le habría dado un abrazo como nunca, le habría mirado a los ojos y le habría dicho: «Mamá, te quiero», pero ahora es demasiado tarde, en su momento, cuando pude hacerlo, no lo hice. Así que, me quedo con la lección aprendida: nunca dejes para mañana lo que puedas decir hoy, porque ese mañana tal vez no llegue.

La oración de hoy ha sido brillante, destacando varias frases que me han hecho reflexionar:

«Paz con vosotros».

La presencia de Jesús venía siempre acompañada de paz, del gozo hondo y profundo del corazón, por ello siempre que aparecía Jesús a sus discípulos saludaba con las citadas palabras.

«Dichosos los que creerán sin haber visto».

Esta frase me indica que el resto de humanos que no disfrutaron de la presencia física de Jesús, como yo, serán dichosos si creen porque recibirán la misma paz.

«Para que creyendo tengáis vida por medio de él».

La sabiduría popular nos hace ver que el hombre está lleno de vacíos, inquietudes, preocupaciones, miedos, perezas y sufrimientos; pero hay una fuente de esperanza y de vida: Cristo resucitado. Sin la paz de Cristo la vida es una auténtica decepción, un sinsentido. Es por ello que Cristo nos puede reconstruir y reubicarnos en una vida plena. Eso sí, tendremos que vaciarnos para dejarle entrar y ello significa sacar afuera el orgullo, los rencores, así como los egoísmos que nos invaden. De hecho, vemos cómo el dinero y el poder son insaciables, porque crees que te van a ayudar a ser feliz, pero lo único que crean es más codicia.

Jesús sabe perfectamente cómo el hombre es capaz de encontrar descanso y paz, pero no es fácil ponerse en camino, solo venciendo las perezas y comodidades que nos rodean nos permitirán iniciar la marcha.

Aunque la frase que más me ha conmovido es cuando Jesús le dice a uno de sus discípulos:

«¿Me quieres? Sígueme».

Dado que se me ha demostrado a través de sus enseñanzas que Jesús es la verdad y la vida, supongo que me está enviando una invitación a seguirle, lo que en mi vida se traduce en varios aspectos a tener en cuenta.

Seguirle significa perdonar de corazón a aquellos que me han ofendido, sin recriminaciones ni juicios. El que tanto enjuicia es porque un miedo esconde. Mi misión no es ver la paja en el ojo ajeno y juzgarlo hasta machacarlo.

Seguirle es no preocuparme por el mañana, sino por vivir el presente, el día de hoy, con confianza y sin agitarme por aquellos acontecimientos sobre los que no tengo control, aunque no me gusten.

Seguirle supone buscar el beneficio de los demás, no el propio.

Seguirle es conquistar el mayor grado de libertad al que aspira una persona, para poder alcanzar el mayor desarrollo personal posible al que todo hombre está llamado.

Seguirle es alejarse del dios Don dinero y mostrar un espíritu generoso con todos aquellos que nos rodean.

Seguir a Jesús es vivir en paz, en alegría y en armonía conmigo misma y con los demás.

Seguirle es liberarse de todo tipo de apegos.

Seguirle es vivir la vida y el Evangelio, no de forma legalista y radical, donde el fundamentalismo se convierte en un arma de doble filo que te acaba transformando en un fariseo: cumples la ley pero no vives el Evangelio, lo cual es pura hipocresía.

¡Qué bello es conocer a Jesús y tener la osadía de buscar sus sendas!

A veces pensamos que tenemos que ir cargados para ir bien preparados, no dándonos cuenta de que la única manera de seguirle es vivir ligeros de equipaje, vaciándonos completamente de la basura que nos inculca el mundo y que no son más que cadenas que nos ahogan y nos impiden crecer. Jesús rompe con todos nuestros miedos, apegos, juicios y rencores, para concedernos la verdadera libertad y la paz.

Como bien ha dicho Naim: «Aquél que sigue a Jesús encuentra la vida porque es el camino de la verdad».

Me gustaría concluir este día con una oración que brota desde lo más profundo de mi ser:

> Jesús, revísteme de tu paz,
> inunda mi cuerpo con tu libertad,
> que de mis entrañas florezca tu amor,
> para que en mí brote tu misericordia.
> Que mis labios estén siempre agradecidos,
> que mis ojos muestren tu transparencia,
> que mis oídos escuchen tu palabra,
> y mi corazón sea melodía de tu alegría.

Día 27

No puedo dejar de escribir en mi diario lo bonito y dulce que está resultando para mí cada nuevo amanecer, donde la tónica general me conduce a un estado natural de esperanza y paz, porque a lo largo de estos días he descubierto que este es el estado natural del hombre, el problema es que el ruido del mundo contamina nuestra mente y no permite escuchar a nuestro espíritu. Lo cierto es que cada día tengo más ilusión de seguir conociendo el significado de la resurrección de Jesús. Me gusta mucho la manera en la que Naim me explica las cosas, sin radicalidad, sin fundamentalismos, sin presiones, dado que seguir a Jesús es vivir en libertad con los principios que he ido aprendiendo. De hecho, el propio Jesús fue el primero en romper la religiosidad de los hombres, tan radical y extremista que coaccionaba su propia libertad. Desgraciadamente, aun a día de hoy, como dice Naim, existen muchos movimientos que utilizan el nombre de Jesús para seguir viviendo con esa radicalidad, como la de los fariseos, creando cadenas y ataduras que el propio hombre se impone, no Dios, manipulando a los fieles con discursos que giran en torno al miedo, el pecado y la salvación, obligándoles a realizar sacrificios inútiles. Una vez esas mentes han sido manipuladas y revestidas del fundamentalismo, ya es muy difícil cambiarlas, porque las creencias se arraigan en nuestro ser como las raíces de los árboles en la tierra.

Hoy Naim ha comenzado leyendo una lectura sobre la pesca en el lago Tiberíades. De la lectura me han resaltado varias frases:

«No pescaron nada».

«Echad la red a la derecha de la barca y encontraréis... La echaron y no podían arrastrarla por la abundancia de peces».

Me hace pensar que cuando seguimos nuestros afectos volvemos de vacío, pero cuando Jesús está presente en nuestras vidas, regresamos llenos.

De la segunda lectura destacaría:

«Recibiréis la fuerza del Espíritu Santo que vendrá sobre vosotros, y seréis testigos míos».

Los apóstoles, mientras estaban escondidos y en silencio, iban recordando las vivencias con Jesús, hasta que gracias al Espíritu Santo despertaron de su letargo y se les abrieron los ojos.

«¿Qué hacéis ahí mirando al cielo?».

Los apóstoles se dieron cuenta de que no podían seguir mirando al cielo, sino que habían sido llamados a continuar el reino de Dios que Jesús había fundado. Será Pedro, finalmente, el que tome las riendas para establecer la Iglesia.

Yo veo que la mejor forma de ser testigo de Jesús es con el ejemplo de vida. Pero ¿qué hacemos mirando el cielo o nuestro ombligo? El autoconocimiento no acaba nunca y hemos de ponernos en marcha, al encuentro del otro.

Cristiano no es el que va a misa, cumple la ley y predica el Evangelio con palabras vacías. La única palabra que sirve es la del ejemplo, de lo contrario las palabras están muertas. Son los hechos reales y concretos los que deben primar.

Si la fe no es vivida, nada se transmite. La fe no es obcecación ni rigidez y huye del fundamentalismo. La única manera de vivir la fe es siendo flexible y a través del discernimiento, que nos ayudará a descubrir nuestros miedos y encararnos hacia el camino de la libertad y del conocimiento.

La fe nos ayuda a desenmascarar nuestras perezas, tras cuyo velo se esconden los miedos, esos fantasmas que no existen pero que nos paralizan. ¡Yo quiero vivir! ¿De qué me sirve estar anclada en un estanque donde las aguas acaban en un estado putrefacto? No soy teóloga ni dogmática, pero sé que la fe es un cortar el ancla de los miedos y un zarpar por los océanos como si de una piscina se tratase, donde no hay tempestad posible que desmorone nuestro barco, dado que la vida es un regalo para disfrutarlo ardientemente con la confianza de que Jesús puede llevar el timón de nuestras vidas, si así lo deseamos.

Una vez he comprendido lo que es la fe, he podido entender la tercera lectura, resaltando dos frases sobre el resto:

«Se llenaron todos de Espíritu Santo y empezaron a hablar en lenguas extranjeras».

«Todos los oímos contar las maravillas de Dios».

¿Qué se puede entender por Espíritu Santo? ¿Es como una fuerza que está en todas partes y que es Jesús vivo presente de forma espiritual? Es un término bastante complejo y donde la razón no llega. ¿Acaso se entiende como Espíritu Santo la memoria de las obras de Jesús? ¡Qué se yo y qué importa! Como es algo que nunca podré entender y yo pretendo huir de cualquier dogmatismo, porque todo es cuestionable en esta vida, me permito el lujo de dejar que esa palabra invada mi ser y saque sus propias conclusiones.

Entiendo que el Espíritu Santo reparta dones, así como fortaleza. No son dones que aparezcan por arte de magia, sino que están presentes en nosotros pero que por pereza, miedos o frustraciones, puede ocurrir que ni siquiera los conozcamos. La vida de Jesús y sus palabras están impregnadas con tanta fuerza, que es imposible quedar impasivo ante las mismas, por ello el espíritu de Jesús nos reviste de fortaleza y nos concede una mirada más humana y desprendida. Y si toda esa libertad, fraternidad, amor y entrega se conoce como el Reino de Dios, es lógico que cualquier hombre que haya vivido con Jesús quisiese seguir expandiendo esa Buena Noticia. Por ello estoy convencida de que el Espíritu Santo está siempre con nosotros, como la atmósfera envuelve la Tierra, aunque el ruido pueda apagar su voz.

Entiendo como nunca que Dios, la vida o el término que queramos utilizar, tiene un único objetivo: vivir en plenitud y colmados de felicidad. Ese estado solo se puede conseguir desde la libertad, que nos permitirá bañarnos en las aguas termales del gozo y la paz. Para tener paz hemos de salir de nosotros mismos y entregarnos al otro, romper con nuestros miedos y deshacernos de todo tipo de apegos, así como de juicios y resentimientos. Solo así, uno puede ser verdaderamente feliz. ¿Quién nos ha revelado esa noticia? Jesús. ¿Cómo? Con su ejemplo de vida.

Una pregunta suscita mi inquietud, la cual me gustaría resolver en los próximos días, y, si no encuentro una respuesta convincente por mí misma, se lo preguntaré a Naim: ¿existe un ser divino que sea el origen de la creación y que verdaderamente nos ha concedido vida eterna, como decía Jesús?

Día 28

Nuestro periplo está a punto de acabar, sin embargo, cuando más ilusión tengo por vivir, es cuando no puedo hacerlo. Mi cuerpo permanece adormecido, sin ningún síntoma de mejoría. Al menos puedo contemplar el mundo con mi mirada, que no es poco, comunicarme con mis párpados y escuchar.

No cabe duda de que he sido una gran afortunada al conocer a Naim. Sus enseñanzas me han hecho, no solo entender, sino interiorizar que el amor hay que ponerlo en la vida no en las palabras. Dicho de otro modo: en todo podemos amar y servir, porque es un modo de estar en la vida. ¿Cómo? A través de un corazón agradecido, si es que queremos ser cauces de amor y misericordia.

Al principio, cuando escuchaba la palabra misericordia, sentía incluso repelús, dado que es un termino con una connotación tan religiosa que incluso me incomodaba el escucharla. Sin embargo, durante este tiempo he aprendido que todos somos iguales y que no debemos poner escalas a los diferentes dones que cada uno ha recibido; de esta manera desaparecen los juicios para dar paso a la comprensión, que te permite ver el sufrimiento que hay en el otro, en lugar de percibir sus errores.

«Todas las criaturas tienen un ser —me explicaba hoy Naim, complementando en cierta forma mis pensamientos—. Cuando conectamos con su esencia, que es buena, sale lo mejor de cada uno, pues la esencia es la misma para todos, lo único que cambia es la forma de expresarla según nuestra forma de ser, cualidades y cultura. Vivir desde la esencia es vivir en paz, porque tu yo real se expresa con libertad; sin embargo, estás desconectado cuando buscas y aparentas vivir desde tu yo ideal, que no es más que una serie de deseos desordenados y la no-aceptación de uno mismo, pues vivir desde el ser no significa estar libre de defectos, pues el ser es infinito, inagotable, y, afortunadamente, es una continua búsqueda. Paradójicamente llegamos a nuestro ser desde la forma más inverosímil: desde la misericordia y la entrega al otro, es decir, desde el servicio. ¡Y atención con el significado de servir! —ha querido acentuar—. Yo soy lo que soy con independencia de lo que opinen los demás sobre mí. Es más, cuando esperas algo del otro, lo único que puedes recibir es frustración y desengaños. Cuando servimos respetamos la ideología de cada ser, dado que tendemos a pensar que nuestras ideas son las mejores y universales, pero cada uno es muy libre de pensar lo que quiera, sin imponer nada a nadie. El ser está por encima de la ideología de las personas. ¡Qué bello es ser libre de pensamiento! Ten en cuenta que lo mejor para ti no tiene por qué ser lo mejor para el otro. Y sabes que, junto al don de la vida, la libertad es el don más preciado del hombre. ¡Rompe tus cadenas y serás libre!».

Tras la explicación de Naim ha venido la parte práctica. Tengo que confesar que me ha resultado sumamente original y curioso, dado que ha consistido en la contemplación del amor. Para ello he repasado mentalmente todas las personas que me han ayudado a lo largo de mi vida y he podido agradecerles desde el silencio todo lo que han hecho por mí.

Finalmente, al finalizar la última contemplación, me ha nacido el forjar una oración de agradecimiento, sencilla y humilde, pero muy profunda y significativa para mí:

Gracias, Jesús, por tu paz, porque es el mayor regalo que podemos recibir. Ni riqueza, ni poderes, ni fama podrían suplantar la experiencia profunda de gozo y paz que nos regalas de forma gratuita y sin méritos ni voluntarismos.

Día 29

Se acerca el final, tan intrigante como el desenlace de una película y, lamentablemente, todavía tengo muchas lagunas que me gustaría llenar. Aunque bien es cierto que el misterio de la vida es como aquel niño que hizo un agujero al borde de la playa para intentar meter toda el agua del mar en su interior, no siendo consciente de que solo una pequeña porción de agua podría capturar y el resto seguiría surcando los cuatro vientos. De la misma manera, nuestra mente es limitada e incapaz de dar respuesta a un misterio que solo conoceremos tras la muerte, si es verdad todo lo que Jesús nos ha contado acerca de Dios.

En este penúltimo día, Naim me ha explicado la oración que nos dejó Jesús: el Padrenuestro. Una oración que resume las enseñanzas que durante un mes ha intentado transmitirme este carismático psicólogo, por lo que me ha resultado muy enriquecedora. Sé que mucha gente la reza de carrerilla, pero poco significado tiene cuando se reza así, sin darle el sentido que le dio su fundador.

Meditando el Padrenuestro he podido desengranarlo y descifrar el enigma que esconde la oración más popular de los cristianos:

«Padre nuestro que estás en el cielo».

Jesús oraba en plural, poniéndonos en nuestro justo lugar de criaturas, donde todos somos iguales y hermanos. No hermanos de sangre, pero seres humanos con los mismos derechos sobre la Tierra. Me reafirmo en la idea de que nadie debería estar por encima de nadie, y si alguien lo está es: bien porque sus antepasados impusieron su dominio por la fuerza y la violencia, consiguiendo de este modo un estatus social superior al resto, como sucede con los reyes y grandes magnates que disfrutan de grandes privilegios, o por su astucia, como muchos políticos que se aprovechan del poder y de una serie de leyes que ellos mismos han creado para su propio bienestar.

«Santificado sea tu nombre».

No podemos actuar utilizando el nombre de Dios para justificar nuestros actos, pues Él, la vida, la creación, la naturaleza, es santa y no admite mercadeo.

«Venga a nosotros tu Reino».

Su Reino es de justicia y fraternidad. No puede haber hombres que nos traten como súbditos, dado que el Evangelio insiste, una y otra vez, en que el hombre es libre y nadie es más que nadie. Es un Reino donde el mal se vence con el bien.

«Hágase tu voluntad así en la Tierra como en el cielo».

Su voluntad es la misericordia entre el género humano, para que nos ayudemos de forma compasiva, sin añadir al prójimo más sufrimiento que de por sí nos da el mundo. Su voluntad es crear un mundo de paz, libertad y cargado de alegría, donde acogemos y somos acogidos.

«Danos hoy nuestro pan de cada día».

El pan de cada día es el presente, el hoy como día de gracia, como un día nuevo que hemos de vivir con gratitud y en plena confianza, libres de apegos e ídolos que nos atan y dificultan nuestro camino.

«Perdona nuestras ofensas como también nosotros perdonamos a los que nos ofenden».

El perdón de Dios es un ejemplo a seguir. Sin perdón no hay misericordia y, por lo tanto, no hay Reino. Es el devolver bien por mal, porque si no perdonamos, el rencor nos invade como un cáncer que mina nuestro espíritu y nos hace mantener un corazón de piedra.

El perdón es el gran reto de los hombres, nuestra peculiar batalla a vencer. Cuando no hay perdón, no hay amor. El que ofende saca y muestra lo que tiene en su corazón: sufrimiento y dolor. ¿Para qué quedarnos, pues, con ese sufrimiento? Mejor es olvidar y no guardar en nuestra memoria las ofensas que hemos recibido, porque son como agujas en el estómago: indigeribles y dañinas, además de inútiles.

«No nos dejes caer en la tentación».

La tentación del éxito, del poder, de creer que somos superiores a los demás por nuestros méritos; sin embargo, todo ello no es más que vanagloria, la cual deja un vacío por dentro que en muchas ocasiones acaba arrastrando a las mentes más débiles a las drogas o al suicidio, como forma de evadirse de la realidad.

«Líbranos del mal».

El mal es el desprecio, la ofensa, el daño al prójimo o a nosotros mismos. El mal son las cadenas que nos deja anclados en nuestras miserias y no nos deja crecer, ni vivir en paz.

Tras el Padrenuestro, Naim ha leído un Evangelio sobre la confianza en la providencia, del cual he rescatado las siguientes frases que han calado hondo en mí:

«No temáis».

«¿Quién de vosotros puede, a fuerza de cavilar, prolongar un tanto la vida?».

«Buscad el reinado de Dios y lo demás os lo darán por añadidura».

«No temas, rebañito menudo, que vuestro Padre ha decidido daros el Reino».

«Donde está vuestro tesoro, allí estará vuestro corazón».

Si cada amanecer se vive con gracia, con el espíritu ardiente por disfrutar de un nuevo día, lleno de sorpresas y totalmente distinto al de ayer, entonces viviremos y estaremos abiertos al Reino de Dios.

Es una clara invitación a recibir el día con alegría, con alabanzas, con acción de gracias, de forma que depositemos toda nuestra confianza en Jesús, que nos quiere libres de toda angustia y preocupación. Y es que a veces le damos vueltas a las cosas que no tienen solución y que no por cavilarlas se vayan a solucionar. Así, la muerte está ahí presente y uno no puede esconderse de ella, ni evitarla, sino que es parte de nuestras vidas; por tanto, no enjuiciemos a la vida que todo es gracia y tiene su fundamento.

Los miedos nos paralizan, nos bloquean, pero Jesús sale a nuestro encuentro, para que confiemos en el Reino de Dios, que está libre de apegos e ídolos, y cuanto menos se posee, más libre somos. Desde la pobreza se puede ser inmensamente rico.

No hay que dejarse engañar por el mundo, que la felicidad encubierta de falsos ídolos es la perdición del ser. Lo que el mundo nos vende son nimiedades en comparación con la paz y el gozo hondo que nos ofrece Jesús.

Respecto a la última contemplación del día de hoy destacaría las palabras que le dirigió Pedro a un cojo de nacimiento y que esperaba que le diese limosna:

«Míranos. No tengo plata ni oro; pero lo que tengo, eso te doy: en nombre de Jesucristo, el Nazareno, echa a andar».

Para saber si una persona está llena de vida o vacía, solo tenemos que ver su mirada. Los ojos de Pedro y Juan, que iba con él, estaban tan llenos de vida que conmovieron al que pedía, y entró convertido al templo, dando gracias y alabanza a Dios. Se sintió querido, no rechazado.

Pedro le levantó con su mano, dándole fuerzas y apoyo. Estaba hundido y renació; la esperanza brotó en su corazón.

El reflejo de amor en el otro sirvió para sentirse válido y echarse a caminar en la peregrinación de la vida.

Así es como me siento yo, reconstruida, cargada de paz y serenidad, y libre como una paloma que surca el firmamento. ¡Qué maravillosa es la vida, cuando se mira al mundo con una mirada limpia!

10

Día 30

Último día de esta fascinante terapia convertida en ejercicios espirituales. ¡No me lo puedo creer! ¿Cómo es posible que haya pasado un mes tan rápido, con tantos acontecimientos y en tan poco tiempo? ¿Y, ahora, qué va a ser de mi vida? ¿Seguiré viendo a Naim o se irá a otra ciudad? ¡Cuánta incertidumbre! De momento solo me queda un ejercicio por realizar, consistente en resumir en un par de párrafos lo que ha supuesto para mí este mes. Lo peor es que Naim ha venido antes de lo habitual, por lo que me ha pillado dormida. Según mi madre, no quería despertarme, por ello se ha limitado a comunicarle a ella lo que tendría que hacer esta mañana, marchándose sin más; no obstante, le ha dicho que se iba a hacer un recado y que luego volvería para despedirse de mí. Me da mucha pena porque es el hombre más maravilloso que he conocido en mi vida. Me ha hecho sentir yo misma, valorándome tal cual soy y ayudándome a descubrir el sentido de la vida. Es más, yo creo que a estas alturas no puedo engañarme y esconder que estoy locamente enamorada de él. Si soñar es gratis y pedir es un símbolo de humildad, yo le pediría a la vida que me concediese la oportunidad de despertar de mi letargo y seguir disfrutando de la presencia de Naim, no como psicólogo, sino como pareja.

En fin, dejaré mis disertaciones y mis deseos para después. Me queda una última tarea por realizar y me gustaría terminarla antes de que regrese Naim.

Lo cierto es que no es fácil resumir brevemente una experiencia tan profunda e intensa como la que he vivido, pero mi despedida la escribiría así:

Querido diario, durante este mes he podido encontrar la paz y armonía que tanto ansiaba mi corazón. Además, me he reconciliado conmigo misma, con mi historia, con mis enemigos o adversarios, y he encontrado el camino de la verdad y la vida: Jesús. Mi mirada es más limpia y mi corazón más pobre; ya no busco mi propia vanagloria, pues mi lema es: «Jesús, contigo y como tú» y el sentido práctico de mi vida quedaría englobado en cinco palabras: «En todo amar y servir».

Estas dos frases tienen que convertirse en mi tesoro y en ellas morar hasta el fin de mis días terrenales.

Ojalá el fuego que hay dentro de mí no vuelva nunca a apagarse.

¡Gracias, Naim! ¡Gracias, Jesús!

* * *

El sonido del móvil sobresaltó a Cristina, que se había quedado profundamente dormida sobre la arena de la playa de Benicasim y volvía a la realidad tras un apasionante sueño que se convertiría en un punto de inflexión en su vida.

—¡Puedo moverme! —exclamó con fuerza, saltando de alegría y gritando con júbilo.

La música seguía sonando, pero Cristina no reparaba en el móvil, sino en mostrar con su cuerpo, su voz y todo su ser, la inmensa felicidad que le brindaba de nuevo la vida.

—¡Dígame! —respondió por fin, sin casi aliento de tanto bailar, gritar y saltar.

—¿Dónde estás? Llevo esperándote más de media hora... Si no querías quedar, podías haberme avisado.

—¡Felicidades, Marta! No sabes la alegría que me da escucharte —intentó disculparse la periodista—. Si te digo que acabo de tener una experiencia mística de lo más fuerte, ¿me creerías?

—No estoy yo para mucha mística, la verdad. Pero ¿no habíamos quedado en tomar algo? Porque... la que espera desespera.

—Debes perdonarme, me he quedado dormida del cansancio mental que llevaba —intentó disculparse la periodista—. Si no te importa —prosiguió—, te voy a hacer esperar otra media hora porque no he tenido tiempo de comprarte el regalo que tengo en mente y que seguro te va a encantar.

—Chica, no tienes por qué comprarme nada —repuso Marta, con un tono más halagüeño.

—Bueno, mientras tanto tómate algo a mi salud que enseguida estoy ahí.

Cristina no paró de danzar, cantar y gritar de alegría hasta alcanzar la primera tienda de ropa que encontró de camino a la cafetería. Entró y se fue directa a la sección femenina.

Durante varios minutos estuvo buscando unos pantalones azul marino del estilo que le gustaba a su amiga: ceñidos para remarcar su figura. Estaba tan ensimismada realizando su elección que se sobresaltó cuando notó un ligero toque en la espalda.

—Disculpe señorita.

Cristina se giró y dio un grito al ver frente a ella a un hombre de mediana edad, de figura esbelta y con una graciosa melena.

—Perdone si le he asustado.

—¡Naim!

—¿Cómo?

—Eres Naim, te acabo de ver en mis sueños.

El joven dejó escapar una amplia sonrisa. No estaba acostumbrado a los piropos y menos procedente de una mujer tan atractiva.

—En realidad me llamo Josua y soy de...

—¡De Nazaret! —se apresuró en responder Cristina.

Josua volvió a sonreír.

—De Zaragoza, exactamente.

Cristina parecía desconcertada. Estaba frente a la persona con la que había estado soñando durante dos intensas horas.

—Ah..., perdona.

—No pasa nada, has conseguido hacerme reír —dijo Josua—. Resulta que un día decidí cambiar de ciudad, y el destino me ha traído hasta el Mediterráneo.

—Claro, porque eres psicólogo, ¿verdad? —expuso Cristina, con la misma seguridad pasmosa que había utilizado en sus anteriores afirmaciones.

Josua volvió a sonreír.

—¿Tengo cara de psicólogo?

—¡Tienes cara de ángel!

La sintonía entre ambos se despertó con la misma facilidad que cuando dos personas conectan a la perfección sin saber cómo ni por qué.

—Efectivamente, soy psicólogo y estoy aplicando una terapia bastante eficiente...

Josua hablaba, pero Cristina no le escuchaba. Su mente le adelantaba los acontecimientos futuros, recibiendo confirmación de los mismos en el preciso instante que Josua sacó una tarjeta de su cartera.

—Esta tarjeta es muy especial, ya que es la única que he impreso y, por supuesto, la persona que aparezca en mi consulta con ella le aplicaré la terapia gratuitamente.

Cristina no podía creerse lo que le estaba sucediendo. Miró a Josua y percibió la mirada limpia y bondadosa de la que su amiga Marta le había hablado en su sueño, tan cargada de paz que hasta conseguía contagiarla.

—Gracias, creo conocer la persona indicada para ello.

—Estupendo, ya verás como le ayudará.

—Estoy convencida de ello —expuso Cristina con conocimiento de causa.

—Bueno, pues nada —dijo Josua, pasándose la mano por sus largos cabellos—, tal vez nos veamos algún día por ahí.

Cristina comprendió que la conversación había llegado a su fin; sin embargo, sentía la necesidad imperiosa de retenerlo. Además, tenía una pregunta en el tintero desde el primer momento que tuvo el sueño y no quería despedirse sin saberla, consciente de que con casi toda la probabilidad no volvería a ver al hombre de sus sueños.

—Eso espero —dijo Cristina mostrando su mejor sonrisa—. Perdona, pero antes de que te vayas me gustaría hacerte una pregunta, si no es una indiscreción.

—Adelante —animó Josua.

—Sé que puede parecerte una pregunta extraña, pero tengo curiosidad por saber si crees en Dios.

Josua quedó sorprendido ante una pregunta tan directa y fuera de contexto.

—¿Es que crees que soy un testigo de Jehová o algo por el estilo?

—No, no, para nada —intervino Cristina, sonrojada por la respuesta recibida—. Supongo que es una pregunta un poco inusual en nuestros tiempos, pero me gustaría saberlo.

—¿Acaso cambiaría algo el hecho de que sea creyente o no? —repuso.

—Imagino que no.

—¿Y tú, crees en Dios?

Lo último que se imaginaba Cristina era recibir la misma pregunta, pero sin escuchar la respuesta.

—Yo pregunté primero —dijo Cristina con dulzura—. Venga, no te hagas el interesante y contéstame.

—De acuerdo —asintió Josua—. Si se supone que Dios es vida y es amor, sí creo. Si se supone que tengo que creer en un Dios justiciero al que tenga que hacerle sacrificios, en ese caso no creo.

—¡Lo sabía! —exclamó Cristina.

—En fin, tengo un poco de prisa —se excusó Josua—, espero pases un buen día.

—Igualmente.

Josua salió de la tienda bajo la atenta mirada de Cristina, que permanecía estática y boquiabierta ante el evento más sorprendente que había vivido nunca. A su vez, también era consciente de que aquella sería, sin duda, la última vez que vería al hombre que apareció en sus sueños y cambió su vida de forma radical. No obstante, el destino corría por cauces distintos a los que había tenido en su sueño y aquella tarjeta que ahora miraba con ternura, debía parar a las manos de alguien que realmente la necesitase.

En cuanto encontró la prenda que buscaba, se dirigió al mostrador, pagó el pantalón y salió a ritmo ligero hacia el céntrico local donde le atendía su amiga.

De camino, Cristina no hacía más que reír y reír. Por primera vez en mucho tiempo se sentía feliz, con el espíritu libre como el de un bebé incapaz de albergar ninguna preocupación.

Al entrar en la cafetería vio a Marta acomodada en la misma mesa que ocuparon en su sueño, deduciendo que las tornas se habían cambiado y que seguramente su amiga estaría pasando una mala racha.

—Perdona el retraso —se excusó Cristina, haciéndole entrega del regalo con su mejor sonrisa—, y ¡feliz cumpleaños!

Marta hizo un gesto de benevolencia al ver que su amiga había tenido el detalle de regalarle unos pantalones cargados de estilo y buen gusto.

—Muchas gracias —dijo Marta, dándole dos besos y un abrazo.

—¡Tengo tantas cosas que contarte! —expuso Cristina, volviendo a abrazar con efusividad a su amiga.

—¿Has encontrado novio?

Cristina sonrió.

—Mucho mejor, no era consciente de que tenía un tesoro y por fin lo encontré.

—En ese caso espero lo compartas conmigo, porque llevo un día de armas tomar—repuso Marta, mostrando en su mirada un signo inequívoco de cansancio y agobio.

Cristina intuía que Marta estaba pasando por momentos difíciles, por ello pensó en sacar de su bolsillo la tarjeta que le había dado Josua y entregársela directamente, pero el instinto le decía que todavía no había llegado el momento; quizás, primero tendrían que hablar y, luego, de forma sosegada y con una buena explicación, entregarle el regalo que aquella misteriosa tarjeta supuso para ella.

—Te noto un poco nerviosa, ¿va todo bien? —inquirió Cristina.

Marta suspiró.

—Discúlpame, necesito ir al servicio... creo que voy a vomitar.

Sin dar más explicaciones, Marta salió disparada hacia el cuarto de baño.

«Pobre mujer, no sé qué le puede estar pasando, pero no cabe duda de que realmente lo está pasando mal. ¿Tendrá problemas con su marido?», se cuestionaba Cristina, que miraba con tristeza cómo su mejor amiga desfilaba hacia los servicios con una mano en la boca y la otra en la barriga.

Al cabo de cinco minutos, la enfermera regresó a la mesa.

—¿Te encuentras mejor?

—Llevo toda la semana igual... es lo que tiene el estar embarazada.

Cristina abrió los ojos como si le hubiesen dado una bofetada y despertarse de su letargo. Su amiga no necesitaba ninguna tarjeta, tras aquellos ojos fatigosos se encontraba una mirada cargada de felicidad y entusiasmo. ¡Por fin llegaba el retoño que había buscado desde que se casó con su marido!

—¡Felicidades! No sabía nada...

—No podías saberlo porque yo misma me enteré esta semana.

El sueño tan trascendental que había tenido Cristina pasó al olvido y la conversación giró exclusivamente en torno al embarazo de Marta, repleta de ilusión como nunca, a pesar de que las continuas náuseas que sufría día y noche no le dejasen descansar. Malestar que se convertía en sufrimiento placentero al saber cuál sería el resultado final: el nacimiento de una nueva vida, de un hijo inmensamente deseado.

La tarde transcurrió con rapidez, tanto que cuando Cristina quiso darse cuenta ya había oscurecido.

Regresó a su hogar con la satisfacción de haber disfrutado de una tarde repleta de sorpresas. Primero su sueño y, luego, el embarazo de su mejor amiga, quien le transmitió la alegría que supone engendrar un pequeño ser desde las entrañas de su cuerpo: el milagro de la vida hecho realidad.

En cuanto traspasó los umbrales de la puerta de su piso, sintió que aquella nube negra que siempre le acechaba había desaparecido por completo. Ya no estaba ante un piso lúgubre donde la soledad acampaba a sus anchas, sino que ahora disfrutaba de la libertad que la vida le estaba dando. ¿Qué importaba si tenía o no pareja? Sabía con total certitud que la felicidad no la podía encontrar al lado de un hombre, más bien en el bienestar personal, en la paz interior, en su manera de interactuar con el mundo y con las personas, en el camino de desarrollo personal y de autorrealización que todo ser busca recorrer. Algo había cambiado, ya no tenía la necesidad imperiosa de encender la televisión con el fin de que el ruido invadiese su mente. Ahora quería disfrutar del silencio, de la armonía con su cuerpo y del placer que había perdido y ahora recobraba: la lectura.

Durante muchos años se limitó a leer noticias irrelevantes y textos periodísticos que nada tenían que ver con el placer por la lectura; sin embargo, de manera espontánea sintió una especie de gusanillo por coger un libro de aquella estantería polvorienta que durante tanto tiempo estuvo frente a sus ojos y que, sin causa aparente, siempre pasó desapercibida. Fue así como, finalmente, de entre tanto libro y la mayoría de ellos sin leer, se decantó por elegir una novela de aventuras con trasfondo espiritual: 'La Ciudad Milagrosa'.

Durante una hora estuvo absorta en la lectura, disfrutando del viaje tan apasionante que le ofrecía aquella novela, hasta que se le despertó el apetito y se dirigió a la cocina con espíritu vigoroso para preparar uno de sus platos favoritos: angulas con salsa de ajo.

Por primera vez desde hacía mucho tiempo pudo disfrutar del sabor suave y exquisito de un plato que había preparado con sumo tacto. Comer ya no era una obligación ni un fastidio, sino el placer de saber gustar de la multitud de sabores que la madre naturaleza había creado. Si comer era puro gozo, valía la pena saborear cada bocado, por ello se deleitó ante tan suculento manjar.

Ante los nuevos placeres hallados, le quedaba la duda de cómo se desenvolvería en el trabajo. ¿Acaso ahora vería las cosas de manera distinta y comenzaría a disfrutar de su profesión? No tardaría en averiguarlo, pero si algo tenía claro es que no se iba a dejar manipular por nadie. Sería ella misma y escribiría acorde a ella le naciese, desde la verdad y no desde la hipocresía, la mentira y la mediocridad. ¿De qué servía manipular la información si iba en detrimento de la sociedad y, en definitiva, de ella misma? Era obvio que necesitaba un sueldo, pero más importante que el dinero era su bienestar.

Después de pasar mucho tiempo inmersa en una profunda crisis laboral, por fin renació en ella la ilusión y el interés en comenzar la semana para ir a trabajar y mostrar su nuevo estilo: plasmar la verdad a cualquier precio.

El fin de semana pasó más rápido de lo esperado y sin apenas darse cuenta estaba sentada frente al ordenador, dispuesta a emplearse a fondo en la noticia que su jefe le había encomendado. Era muy consciente de que había llegado su momento, ese donde el riesgo no importaba, donde lo mismo le daba estar dentro que fuera. ¿Acaso existía alguna diferencia tangible en ser despedida o en irse de la redacción del periódico por su propio pie, cuando el resultado era el mismo? Al fin y al cabo, con los años que tenía de Paro podría solventar su situación económica hasta que apareciese algo mejor. Tenía la plena confianza de que una nueva etapa iba a comenzar en su vida, pero para ello tenía que mostrar su esencia, su ser.

El destino, a veces muy caprichoso e inesperado, quiso ofrecerle la oportunidad de plasmar una noticia con sus pensamientos más profundos, pasando el filtro de la censura de forma magistral:

—Cristina, el artículo tiene que salir a imprenta en diez minutos y todavía estás escribiendo sobre el mismo. ¿ Puedes poner el punto y final lo antes posible?

Dos minutos después.

—Aquí lo tiene, jefe, un artículo espléndido —se limitó a responder Cristina una vez impresa la hoja y dándosela en mano al impacientado Alberto, que tenía hora para el dentista y no se molestó siquiera en leer el texto de aquella empleada que, aunque a veces se ajustaba mucho al tiempo, siempre cumplía con sus quehaceres.

La noticia salió publicada en toda la provincia, convirtiéndose en el artículo más comentado del día:

Hoy es un día muy especial, ya que he decidido colgar las botas como periodista. Seguramente se preguntarán a qué se debe tan repentina decisión, y eso es lo que voy a intentar explicar. De hecho, por primera vez voy a escribir sin censura y, seguramente, si no hubiese decidido irme por mi propio pie, me habrían echado de la redacción tras este artículo que apuesto será publicado por negligencia... Durante muchos años he estado escribiendo textos en los que no he hecho otra cosa que narrar mentira tras mentira. Siempre defendiendo a los dirigentes de un partido político que rigen con mano negra cada una de las noticias que salen en prensa, por ello me gustaría dirigirles a todos ellos un mensaje claro, directo y sin tapujos, aunque pueda resultar utópico en estos tiempos que corren.

No es difícil observar que la política se ha convertido en un preciado pastel del cual todo el mundo quiere sacar tajada; pero cuando coges más parte del pastel de la que te corresponde, entramos en terreno pantanoso: el mundo de la corrupción, donde todo vale y lo único que cuenta es el afán egoísta y tirano de alguien que solo busca su propio bien y no el del pueblo. Una vez se entra en esa dinámica, viene el querer comerse la tarta con sus familiares y amigos, es decir, el tráfico de influencias. Llegados a este punto, la democracia desaparece porque no todo el mundo está en igualdad de condiciones, pero si a ello le añadimos el manipular las leyes para beneficio propio, llegamos a la prevaricación. Tres cuchillos que cortan la tarta, tan peligrosos como el querer despojar a alguien de esos poderes, porque recurrirá al soborno para no abandonar su posición privilegiada y así mantener su estatus social.

Fruto del poder que han adquirido los políticos y de los privilegios injustos que se han otorgado por el mero hecho de estar en el poder, llegamos al triste devenir de la sociedad actual, donde la crisis se acentúa cada vez más dado que el dinero mal repartido desencadena en diferencias sociales abismales, capaces incluso de desestabilizar a todo un país.

¿Cómo se puede frenar esa avalancha egoísta y mortífera que ahoga a las familias humildes y acaba hundiendo a los más desfavorecidos? La respuesta nos la dio Jesús: «Quien quiera ser el primero se ponga el último». Ésta es la única manera de regir el mundo con honestidad e igualdad, y mientras no haya gente dispuesta a llevar a cabo este mensaje, las injusticias seguirán reinando entre nosotros.

Yo no voy a entrar en creencias religiosas, pues la vida me ha enseñado que cada uno es muy libre de creer lo que quiera, pero sí tengo claro que el mejor sistema político creado en toda la historia de la humanidad nos lo dejó como legado Jesús de Nazaret, quien lo puso en práctica con su propia vida. Y su política no era otra que preocuparse por los demás, poniéndose él mismo en último lugar. No quería ningún tipo de privilegios, no quería dinero, ni poder, ni que nadie lo exaltase, porque tenía una personalidad tan definida y un estilo de vida tan sencillo y humilde, que solo el contacto con las personas y el ayudar a los demás era el oro que nuestros gobernantes se empeñan en conquistar durante sus mandatos.

¿De qué les sirve llenar sus bolsillos si dejan que un conciudadano se muera de hambre, porque existe una cantidad limitada de dinero que si no se reparte justamente se amontona en un reducido número de cuentas bancarias?

Os lo digo de verdad, más sabroso es llevar una vida honesta y un sueldo ganado con el sudor de la frente que usurpar el pan de muchos, porque quien se atiborra acaba empachado y con una úlcera de estómago.

Es así como a partir de ahora esta humilde periodista ha decidido abandonar una vida entornada de mentiras y partir en busca de la libertad. Si la verdad es vivir en paz, sin hacer daño al prójimo en pos de un crecimiento y desarrollo personal, yo me dejo mi trabajo para cumplir un sueño que tenía oculto y que recientemente descubrí. Supongo que a mi edad, ya es difícil dar un giro radical y empezar una nueva vida, pero existe una opción similar al periodismo que nunca me planteé y que ahora aflora en mí con fuerza: ser escritora. Así que, queridos lectores, cambio el formato: periódicos por novelas, y la forma: la mentira por la verdad.

Creo que ni en mis sueños más profundos, y eso que últimamente son muy bellos, no podría haber elegido una forma más exuberante de despedirme de mis lectores, no con un adiós definitivo, sino con un ¡hasta luego!

Dicho esto, os espero en mi próxima novela y, recordad, sed siempre críticos con todas las noticias que leáis en los periódicos o veáis por la televisión, pues en la mayoría de ellas se esconden sucios intereses.

Cristina apagó su ordenador, recogió todos los papeles que había sobre su escritorio y los dejó en la caja de reciclaje. A continuación cogió una caja en la que insertó todos sus enseres personales, bajo la atenta mirada del resto de empleados, que no entendían muy bien a qué se debía aquella limpieza profunda.

—Compañeros, espero y deseo disfrutéis de vuestro trabajo tanto como yo voy a disfrutar de mi próximo empleo —dijo en voz alta.

Un ligero murmullo se escuchó tras las palabras de Cristina, que no tuvo impedimento alguno en pasarse por cada mesa y despedirse de aquellos con quienes tanto tiempo había compartido, aunque no fuese lo productivo que a ella le habría gustado.

No tuvo un mal gesto, ni una mala mirada, más todo lo contrario. Les dio dos besos libres de cualquier tipo de resentimiento, a pesar de la tirantez con la que habían convivido durante los últimos meses.

En último lugar se despidió de la persona se auguraba fuese la sustituta de Alberto.

—Charo, te deseo lo mejor en la redacción y, mira, una última cosa —Cristina abrió su bolso y sacó la tarjeta que le había dado aquel hombre de mirada limpia y pacificadora que apareció en sus sueños—, me gustaría entregarte esta tarjeta —Charo miró con incredulidad una tarjeta que hacía referencia a un psicólogo—. No me preguntes por qué te hago entrega de la misma, pero siento que la vas a necesitar. Se trata de un psicólogo que aplica una terapia muy efectiva, y esta tarjeta tiene la peculiaridad de que la persona que la lleve consigo recibirá la terapia completamente gratuita. O sea, que no pierdes nada por ir... Si por una de aquellas no la quisieses, te invito a que se la pases a alguien que creas la pudiese necesitar, porque puede cambiarle la vida.

Charo se limitó a sonreír. No sabía muy bien el gesto tan amable que tuvo la persona a la que más había criticado, juzgado e intentado aislar del resto de sus compañeros, pero aquella tarjeta de color verde pistacho le caía como agua del cielo, cuando la semana anterior ya había tomado la firme decisión de ir a un psicólogo porque necesitaba ayuda con urgencia: su vida no tenía sentido y solo el hacer sufrir a otros le daba cierta satisfacción.

—¡Suerte! —dijo Charo en última instancia, antes de que Cristina abandonase la sala con una amplia sonrisa y un porte capaz de quitar el hipo.

Cuando Cristina salió del edificio, una sensación de paz volvió a inundar todo su ser. La brisa golpeaba sus mejillas dejando sobre las mismas un ligero cosquilleo, como si el propio viento le estuviese acariciando. No cabía duda de que había elegido la mejor opción, tal y como le había dicho el hombre de sus sueños, Naim: «Toda decisión correcta va seguida de un estado de paz y gozo».

Cristina abrió el bolso, sacó su teléfono móvil y se dispuso a realizar una llamada:

—Mamá, ¿cómo estás?

—¡Hola, hija! Muy bien, gracias. ¿Cómo se encuentra mi princesa?

—¡Genial, pues estás hablando con la mujer más feliz del mundo! —exclamó Cristina con euforia— ¿Sabes que acabo de dejar mi trabajo y la próxima semana cojo un avión con destino el Tíbet?

—Eh..., pero...,

—Sí, mamá, tengo en mente un gran proyecto: ¡escribir una novela!

—Me dejas sin palabras —repuso su madre, recuperándose de las dos novedades tan importantes que su hija le había dicho en tan solo una frase.

—He descubierto que mi verdadera vocación es la de escribir, pero no artículos en periódicos, sino novelas —la madre de Cristina escuchaba con atención las noticias novedosas de su hija—, y como mi primera novela tendrá lugar en el Tíbet, he pensado que, como necesito unas vacaciones, puedo aprovecharlas para visitar a los monjes tibetanos y aprender un poco más acerca de su cultura.

—Hija, desde que eras niña no he escuchado un tono de voz tan feliz —decía su madre emocionada y con la voz entrecortada, fruto de las lágrimas que silenciosamente corrían por sus mejillas—. Claro que sí, ve al Tíbet, documéntate en primera persona, y escribe la novela más bonita del mundo.

—Tranquila, mamá, serás la primera en leerla... Por cierto, ya tengo claro cómo empezará la novela. ¿Te gustaría saberlo?

—¡Me muero de ganas!

Cristina suspiró y tras carraspear su garganta empezó a narrar el inicio de su nueva historia:

—*La brisa marina masajeaba con fuerza el rostro de Naim...*